故旧往事
欲说还休

赵修义 著

上海教育出版社

从未名湖

到

丽娃河

目 录

目 录

从未名湖到丽娃河

——我与哲学

钟情哲学　求学北大

我们这代人可能都有着相似的经历。我是 1938 年出生的（卢沟桥事变一年后）。最复杂的是小学阶段，五岁开始逃难，起初在贵阳上小学，一进去就读二年级。没几个月又跑到重庆，在重庆师范附小念到抗战胜利。回到上海，因为频繁搬家，又换了四所学校。也就是说，整个小学阶段我换了六所学校。1949 年中华人民共和国成立，我进入光华大学附中念书。1951 年，华东师大成立时，光华大学附中和大夏大学附中合并成立华东师大附中，即现在的华东师大一附中。

中学毕业后，我选择报考哲学专业。大家也经常会问我，为什么会考哲学呢？很简单，只有一个原因，高三毕业时体格检查，确定我是很典型的红绿色盲。我原本是要读理工科的，然而体检的结果使我能够选择的专业变得太少了，理工科是不能考了。碰巧我在《高考指南》上看到一句话：哲学专业既要学自然科学又要学社会科学。我对此产生了兴趣，于是给上一年考入北京大学哲学系的一位原团委干部写了封信，他也很支持我学哲学。就这样，我选择了哲学系。我家里书很多，我什么书都看，关于哲学的书也翻看过。1950 年代，中共中央党校的杨献珍在电台里讲"什么是唯物主义"，我和父亲一起听过广播；中学语文老师谭惟翰先生经常让我去旁听作家协会举办的讲座，王元化先生的报告令我印象深刻，就这样埋下了对哲学感兴趣的种子。

我们入校的时候情况比较特殊。1955年，北大哲学系在院系调整后首次向应届高中毕业生开放招生。当时全国只有北大一个哲学系，我们刚入学时，哲学理念不是很强，迎接新生的标语是"立志做好马列主义宣传员"，所以第一年的课程里，政治经济学是重头戏。初学时，一上来就是读经典著作，觉得哲学实在太难，一小时看一页书都困难。当时我们没有教科书，都是读原著，哲学的书涉及很多历史人物和哲学概念，需要一天到晚翻阅词典等工具书，后来慢慢入门了才好些。

幸运的是，北大哲学系有许多非常好的老师，当时中国哲学界所有的大家几乎都在这里。熊十力先生那时在上海我没有见过，见得多的是两任系主任——金岳霖先生和郑昕先生，还听过冯友兰先生的演讲。老师们都极具人格魅力，他们的精心教学和无法言说但又令人折服的风范和魅力深深吸引了我们。

譬如汪子嵩先生，他是主持工作的副系主任，第一年就给我们开课。我入校时系主任是金岳霖先生，副系主任是郑昕先生，他们兢兢业业地要把学生教好。这两位先生认为哲学专业的学生要懂点自然科学，所以第一年给我们开了一门课——"自然科学基础"，把各个学科的名家请来给我们讲课。比如讲相对论，起初物理系派了位讲师，讲了两晚上，大家也没听出个所以然，意见很大。后来郑先生就请来了北大教务长、爱因斯坦唯一的中国学生周培源先生来给我们讲，只用一次课，仅两三个小时的时间就让我们了解了相对论和牛顿力学的区别，使我们受益匪浅。后来爱因斯坦和学生合著的《物理学的进化》一书出版，同学们都专程去买。周培源先生主持纪念费米的活动，班上许多同学也去参加。

我想说的是，那时的教育很重视的一点是培养兴趣。我们在大学里没认真读几年书，但是对学习的兴趣、对哲学和经典的兴趣却慢慢培养起来了。经典原著刚开始看，生涩难懂，但是读下去就越来越有滋味。慢慢读懂了一些后，皆为作者的睿智所吸引，逐渐就形成了对理论的兴趣、对学科的兴趣。另外，教师重视教育学生敬畏学问，知道做学问不容易。上"中国哲学史"的时候，朱伯崑先生课上基本上是不用讲义的，提起粉笔就在黑板上写下一串串古文，我们记下来回去一查，一字不差，这让我们领悟了学养是怎么一回事。

那个时候，没有标准的教科书，有的学科如政治经济学，一本教科书都找不到。苏联也没有。就是一个教学大纲，上面每个单元都列出必读的原著。我们课后主要的时间就是读这些经典。政治经济学就是读《资本论》。当时书又少，图书馆里得抢位置。开始一小时读一页还不一定看得懂，到一学期结束的时候，就读得津津有味了。一个来自农村的同学，暑期把回家的路费省下来，买了三卷书（书价相当于两个月的伙食费），读了整整一个暑假。汪先生带我们读《费尔巴哈论》（即《路德维希·费尔巴哈和德国古典哲学的终结》）和《反杜林论》。开始那个难啊，真是一言难尽，常常连什么是杜林的话、什么是恩格斯的话都分不清楚，里面提到的人物、学派、概念，许多都是一边翻词典一边看书。经过老师逐句逐章地分析讲解，恩格斯的睿智，深刻的思想、优美潇洒的文字，让我们像掉进了一个蜜罐一样，于是拼命地去吮吸思想的养料。后来兴趣就变成了习惯。不能读书，不能与人讨论这些理论问题，不能独立思考，就很痛苦。

印象很深的还有马寅初校长。入学伊始，马校长就请农业部部长廖鲁言给全校师生做报告，让大家了解国情。当时他年届七十，耳背，就坐在旁边，面对着部长，认真地听，给大家做了很好的榜样。许多领导人会来校给学生讲演，周恩来、彭真、胡耀邦都来过，他们常常会把一些国家大事讲给学生听，使我们深感国家对大学生的信任和期望。马校长以自己的行动告诉我们，真正要关心国家的命运，不是一件易事。当他因人口和经济问题的观点受到批判的时候，仍神闲气定地说："我的看法是有根据的，相信将来会证明的。我朋友告诉我，只要认个错就没事了。我想想还是不能认，因为我没有错。我年纪大了，其他都无所谓，就是想给青年人树一个坚持真理的榜样。"在我们毕业前，他被撤销校长的职务。改革开放后，年近百岁的老人终于恢复名誉。

我们大学几年正赶上运动比较频繁的时候，第一年以念书为主，1956年"百家争鸣"，后来又经过反右派斗争，1958年我们系全部学生都到了北京郊区大兴县，先后住在永定河边的鹅房村和临近县城的西黄村（一个种蔬菜的生产队）里参加人民公社化运动，一直到1959年7月底才回到学校。

1960年7月,我们面临毕业分配,由于中苏关系突然恶化,我们毕业分配的方案迟迟未确定。当时分配虽说也不是绝对不考虑本人填写的志愿,但一般就是服从分配。我填的三个志愿里,第一个是希望有机会就再做两年研究生,后面两个写的是比较偏远的地方,并没有填回上海老家,结果念分配名单时最后才出现我的名字,是去上海,华东师范大学。当时大家就是这样,没有太多的个人选择,国家哪里需要就去哪里,这也可以说是一种觉悟,与在学校所受的教育关系很大。

因材施教　站稳讲台

华东师大哲学系1986年才成立。我进校时华东师大还没有哲学系,只有政教系,我被分配在政教系哲学教研室。当时哲学教研室有两个任务:一是政教专业的哲学课,专业性略强;二是全校的公共政治课,教授辩证唯物主义与历史唯物主义。我在本系做了一年半助教后,就去外系开公共课,主要在理科各系,比如数学、物理、地理、化学、生物等。

搞研究可以说是后来的事情。我在"文化大革命"以前没有做什么系统的研究,只是有一些自己着重的方向。那时主要关注的是马哲史方向,但没多少时间去做研究,也没这个氛围,学校对我们的要求就是教好书,所以那时主要精力都放在教学上。那时的工作量其实比现在要大得多,既要上好几个系的课,还要兼做学生工作,至少负责一个班级的活动、团组织活动,发现什么情况要和辅导员联系,帮助辅导员处理一些事务。学生到中学去实习，我们也要指导。这也有一个好处，就是和同学们的交流比较多。我在物理系上课时，每天早上他们都跑到我的宿舍，把我从床上提溜起来跟他们一起晨跑。

我在华东师大的感受是，师范学校对于教学尤其重视，教师在教学上的确很花工夫。报到之初，教研室主任曾乐山先生就对我说："你是科班出身，希望你五年之内站稳讲台。"我听了以后挺震惊，心想教书真这么难吗？无论如何是要认真对待的。刚走上讲台时，一节课上完，我会仔细写回忆笔记，思考如何改进。我刚来的时候有个教训，当时有个两年制工农专修课，主讲教师让我给他们辅导一次列宁的《唯物论和经验批判主义》。我花了三个星期的时间写了一个讲稿，但讲完之后学生反映很糟糕，说不知道我在讲什么。《唯物论和经验批判主义》是一本很难读的书，需要讲点写作背景与俄共党史，帮学生认识这本书的重要性，而我当时没有去考虑教学对象原有的知识储备以及他们的兴趣所在。自此之后，我在教学前会更多考虑学生的情况。比如，与学生交朋友，了解他们在关心哪些问题，对报纸上的哪些新闻最感兴趣，读些什么小说，根据他们的要求开设讲座等。

坚持研究　解答困惑

1978 年，教育部开会决定开设"现代西方资产阶级哲学思想批判"的课，系主任林远同志是 1938 年参加革命的老干部，打算让我上这门课。一开始，我确实没什么思想准备，因为之前一直教公共课，1973 年以后我的工作也是参加编写中学教材——

《辩证唯物主义常识》。再加上我中学读的华东师大一附中是比较早的有苏联专家来指导的学校，也是从1952年就改学俄语的中学（上海第一所），所以我一直是学俄语的，英语只有初中水平。我读的外文书都是俄文的，但是教西方哲学就不能只靠俄文书了。领导也考虑了这些情况，给我创造了条件，允许我1978年至1979年脱产到南京大学进修，去之前还脱产读了半年英语。

我就这样转到了现代西方哲学这个领域。我们这辈差不多年龄的人，不少都是这样，"文化大革命"前教授公共课，之后忽然进入到一个专门的领域，这需要一个相当艰苦的重新学习的过程才能入门。我曾在大学里上过外国哲学史的课，又有很多老师便于请教，便有点勇气去接受这项任务。可是，要进入研究阶段，绝非易事。洪谦先生耳提面命，告诫我们，不要没读懂康德的书，就去写研究康德的什么论文。冯契先生也给我们讲，哲学史不是一两年就能研究出什么名堂的，要先掌握材料，掌握哲学整个的演变脉络，把整个学科演变的线索、"门牌号码"摸清楚，厘清人物、流派、著作、思想脉络。冯先生说的意思，用恩格斯的话讲叫作"脱毛"。我想到一个办法，就是自己编教科书。当时环境宽松，允许编写各种教科书。大概用了三四年的时间，我与他人合作，主持编写了《现代西方哲学纲要》。我们尽可能地厘清哲学家们各自的思想进路，在此基础上做出自己的评析，而不是用某种既定的框架来剪裁他们的学说，用语录对照的办法加以评论。这样做的一个收获，就是对现代哲学与近代哲学的区别有了比较清晰的认识，厘清了一些有待研究的问题，其中相当一部分是要解决自己感到困惑的东西。现代西方哲学，"文化大革命"以前几乎被全盘否定。按照苏联过来的观念，西方哲学在德国古典哲学之后，不仅在意识形态上是反动的，在学理上也是毫无价值的。现在要作为一个学科来研究，首先要反思这种观念。

我主要从两个方面入手。一个是做个案，挑一些比较矛盾的点。譬如，一段时间我集中研究尼采。为什么选择尼采呢？尼采太重要了，涉及两个问题。其一，怎么从政治上看待他本人的立场和对后世的影响？尼采在二战时受希特勒崇拜，希特勒这么趾高气扬的狂人，唯一低头的照片就是他在纪念馆里对着尼采像。可是你看鲁迅，一直到晚年还在推崇尼采，为出版尼采的自传费心费力。这就是矛盾啊。其二，尼采在学理上对哲学到底有没有贡献？罗素说，尼采是文艺性的哲学家，算不上学院哲学家。但在当代，国际上对尼采的研究进入了新的阶段，研究性的著作大量出现，他的很多书都重新刊印，还有价值一两百美元的纪念本。我选择尼采的超人学说、认识论、伦理观等方面进行研究，写了些论文，引起了学界的关注。看来，通过研究来回答自己所困惑的问题，是不错的选择。

另一个就是解惑。有一个难题一直困扰着我：怎么从宏观上看待马克思主义与马克思主义产生后的西方哲学的关系？我参加过不少次全国性的讨论会，争论最多的就是这个问题。从1979年太原召开的中国现代外国哲学研究会第一次全国讨论会开始，我就一直在思考这个问题，反复思考了多年。我提出了马克思、恩格斯与现代西方哲学同时代性的观点，发表了一篇论文。后来为了验证这个观点，1990年代，我和童世骏又合作写了《马克思恩格斯同时代的西方哲学——以问题为中心的断代哲学史》。童世骏比我小20岁，他读本科的时候上过我的课。他本科一毕业，我俩就合作写这本书。我俩有许多共同的语言，又有不同的关注点。这次合作还是比较成功的，既初步解答了自己的困惑，同时也对本学科争辩甚多的问题提出了自己的看法。

后来，市场经济兴起，又让我产生了许多困惑，因此我开始对道德、伦理等问题产生了兴趣。对这些问题产生兴趣，很重要的一个原因是师范院校教师和研究所的研究人员有很大不同，我们可以和学生交流互动，学生的很多想法与观念会启发你的思考。对道德、伦理问题的关注，最初是在上"现代西方哲学"课的时候，有学生对国家命运、对人生面临的问题很关心，就生活经验的积累和深层次的思考提出问题。价值观，尤其是自我选择、自我价值与社会伦理的关系，是一个焦点。"萨特热"兴起的时候，同学们邀我一起去看萨特的话剧《肮脏的手》，观后我们相互交流。那时，还有外系的学生跑来听我的课，也会提问。有的同学非常直率地问："我信萨特，老师你信不信?"

1980年代，我们系外国哲学教研室的人员很少，硕士点刚刚批下来，就因徐怀启先生突然离世被取消。我们教研室的主要职责是辅助、配合学科点，给本科生以及其他专业的硕士生、博士生上公共课。后来，应伦理学教研室的要求，我给研究生开设"现代西方伦理思想"的课程，也帮着周原冰先生带研究生，所以会关注伦理问题。

1990 年代邓小平南方谈话以后，确定了市场取向的经济改革方向，一段时间里出现了一种论调——"经济繁荣，哲学贫困"，甚至出现过"道德值几个钱啊"这样的反问。很多人不睬哲学了，认为搞市场经济，哲学和伦理学都没有用了。正是在这样的背景下，系里的老师经常讨论：我们该怎么办？恩格斯对1848 年之后德国有教养的阶级把思辨移到交易所的批判和对理论兴趣的重要性的论述，给了我们坚守哲学的勇气。那么，该怎么坚持？我们的一个选择，就是要从理论上来论证市场经济需要哲学，市场的健康发展需要道德。社会主义可以搞市场经济，但是社会主义市场经济更需要道德的支撑。同时从思想史上论证，关于市场的经济学说都是有哲学前提的，社会主义市场经济也需要厘清其哲学前提。在此基础上，我们提出了"经济学的哲学"和"经济伦理"的概念。

我们从学生时代开始学的政治经济学，是把市场经济看作是资本主义。现在，需要重新认识。这些问题的研究其实也是在回答自己需要面对的问题。这类研究，与一般的研究不大一样，往往不敢说自己发现了什么，至多是回应社会在大变革时代给个人带来的困惑。这些研究是我和伦理教研室的同仁一起进行的。我写的《社会主义市场经济的伦理辩护问题》就是在上海伦理学会讨论会上的一篇发言稿。后来，这篇文章入选中宣部"五个一工程"，这也说明了我们提出的问题——市场经济下道德建设怎么搞，社会主义市场经济体制的建设本身是否更要有明确的价值目标——引起了重视。

马克思在《政治经济学批判》序言中写道：科学研究的"目的不是为了付印，而是为了自己弄清问题"①。总的来说，我做研究遵循这一原则：拷问自己，寻求一个问题的答案。这些问题可能也是社会上大家关心的问题。

言传身教　润物无声

我这一辈子就是一个教书匠，即使退休了，实际上也是退而未休的。从主观上说，总想继续做点事情。上大学的时候，学校非常重视体育锻炼，清华大学马约翰教授有一句名言"为祖国健康工作五十年"，深入心坎；前半生又浪费了许多时间，不愿意60岁刚过就停下来。客观上也没办法真正休下来，有的事情还非做不可。我们系从成立以来一直承担博士生的公共政治课教学任务，评析现当代西方社会思潮。没退休前是我在上，为准备退休，与两位年轻教师合作。可是他俩非常忙，经常出国，为了不影响他们的发展，就由我来顶着。退休后我也一直上，直到学校大部分学院搬去了闵行还去上过。博士生越来越多，这一公共课成了200多人的大课。课程常常安排在晚间，上完课一身大汗，闵行到中北距离又远，一次课下来很容易感冒，于是就走下了讲台。

还有一个原因，自己对许多理论问题的兴趣还是比较强烈的。如社会主义市场经济价值目标的研究一直在继续，随着实践

① ［德］马克思：《政治经济学批判》，中共中央马克思恩格斯列宁斯大林著作编译局译，人民出版社1976年版，第3页。

的推进，不断有新的问题出现。"公平、正义"这个核心价值的专题，我们一直做到党的十八大召开。党的十八大之后，中共中央办公厅看到我们以前写的专报，还委托我们做一个综合性的研究报告。上海社联要办一个理论内刊——《上海思想界》，我受邀在那里继续参加一些学术讨论，写写文章，这项工作至今仍在继续。

退休后我还编了一本《守道 1957》。此书汇集了 1957 年 1 月北京大学哲学系召开的"中国哲学史座谈会"的讨论资料、当事人的回忆以及学界对这次会议的研究成果。编这本书是在领我们进入哲学殿堂的启蒙老师汪子嵩先生 90 岁诞辰时起意的。我们班级的同学对这位品格高尚、学养丰厚却低调做人的师长非常敬仰，大家想为自己的老师做点什么。想到 1957 年的"中国哲学史座谈会"是当代中国哲学史、思想史上一次很重要的会议，一次"百家争鸣"的会议，编这本书至少可以告诉后人，组织者汪先生抓住了难得的机遇，做了件了不起的事情。该书出版之后，确实得到了很好的评价，全国很多杂志都报道，还被 2012 年度"新浪中国好书榜"之"社科好书榜"列为榜首。

顺便还要说，我们这一代人呢，有一点是比较清醒的。我们意识到，自己精力最好的岁月都在运动或劳动，40 岁才起步做学术研究。我发表第一篇论文的时候，快 45 岁了。除了教好书，力所能及地做些研究外，我们同辈的许多教师都尽力为年轻人的成长、成才创造点好的条件，把他们推上去。给他们腾出时间专心学术，也许这就是我们这一代人该做、能做而且会做出一些效果的事情。我不知道其他系怎么样，至少我们哲学系成立后这一条是非常明确的。教育的事情就是这样，不仅需要有一批卓有建树的专家，也需要很多默默无闻的教学或行政工作者。

我和华东师大十分有缘，六年读书在师大附中，中间出去上了五年大学，回来在师大又待了一辈子。我刚回到师大时发现，我原来中学的老师很多在师大做教授了，如中文系的谭惟翰、叶百丰，化学系的李嘉音，外语系的周瓒武，这让我倍感亲切。改革开放之后，华东师大与院系调整前光华大学的渊源重新引起关注，这就更加增添了我对学校的感情。家父赵家璧正是在"六三"爱国运动之中，为抗议美籍校长侮辱中国国旗，愤然离开圣约翰大学的众多学生之一。恰巧，他同光华大学及附属中学创办者张寿镛先生的儿子张华联同班，一起转到光华大学，直到大学毕业。成立光华大学校友会之时，家父被推举为顾问。他对这件事很上心，把家里所藏的关于光华大学的全部资料都赠予华东师大。我和大哥中学都是在光华附中就读的，时任校长是张寿镛先生的幼子张芝联先生。巧的是，我进北大读书的时候，芝联先生还给我们讲过世界近代史。两度相逢，也真是有缘。改革开放后，芝联先生经常来华东师大，希望在华东师大留下更多光华的印记，为此他也经常约我见面。他做了许多努力，其中一件事就是在共青场上树起了一个以纪念"六三"为基座的旗杆。建成的时候，我们光华附中的许多老校友都赶来参加了。后来，纪念光华大学的时候，我们几个兄弟和姐姐商量后，将家父在1980年代费心费力重印的一套《良友画报》捐赠给学校图书馆，聊表

13

心意。

一代人有一代人的经历，一代人有一代人的使命，一代人有一代人的局限。说得不好听，一代人也只能有这么点能耐。我们这一代知识分子最大的特点就是阅历丰富。杂文家陈四益有一副对联，刻画了吾辈的遭际：论这辈人，波折屡经，最难能为国为民痴心不改；计平生事，艰辛备受，空赢得任冤任苦壮志难酬。

波折催人思考，也常会使人纠结，摸索了半天以为找到了答案，但不久又发现不一定是对的，好不容易转过来之后，过一段时间可能又不合时宜了。可历史就是这么演进的。所以，我是不大敢批评年轻人说你这个不对，那个不对；只能说点我们经历过，现在的年轻人没经历过的事情，让他们把事情想得复杂些，以免盲目跟风。我也不大愿意对青年人说应该怎么样，我们当年的老师很少这样做。有的时候就是做给你看，这就够了。我记得 1979 年去张世英先生家，他那时候 60 多岁了，还在拿着录音机从头开始学法语，后来 90 多岁还在家里写东西。还有汪子嵩先生，晚年校友聚会的时候，他从不讲自己的功劳和所受过的委屈，相反是为自己在担任领导工作时处理不当的事向当事人致歉。教育本来就是润物无声的事情，身教胜于言教。

逃难西行拾零

我6岁不到就开始逃难。太平洋战争发生以后，日寇进入租界，盯上了家父所在的美商"良友复兴图书公司"，试图逼迫《良友画报》为其张目。父亲匆匆忙忙化名赵芳梅，逃离上海，经武汉到达桂林。在桂林，他取出藏在鞋底的营业执照，重新开业。安定下来之后，父亲就托友人将一家老小带往桂林。于是，我们老小三代开始了逃难的旅程，在杭州靠一位会讲日语的同行者过了封锁线，沿新安江南下，途经江西南丰、湖南衡阳等地。坐过两三丈把长短的小船，乘过敞篷卡车，可谓风餐露宿。

在桂林，我兴高采烈见到父亲，在漓江边住下。漓江水浅，我可以踩着石头到对岸父亲的办公处。还有象鼻山、七星岩等美景。天上美军飞机飞来飞去，好像有了安全感。可好景不长。湘桂战争爆发，爸爸赶紧先把老小四人送走，留哥哥在身边。我们先到柳州。没多久，国民党军节节败退，我们不得不再逃。独山是坐火车去的，想不到的是，火车关不上窗户，沿途山洞又多。进洞时大股黑烟涌入车厢，我惊呼，老虎来了，老虎来了，只得用湿毛巾捂住面孔。我们所带食物不多，后来靠停车时农民卖的一枝枝带杆的水煮毛豆充饥。火车停靠金城江站时，一个大兵从窗口塞进一只巨大的木箱，压在姐姐的头上，幸好，同车厢的大力士们齐心合力，推了下去，保全了她一条小命。

那时，铁路只通到独山。再往北，只有带篷的卡车，我们坐得两腿发麻。最惊险是过娄山关72道弯，车到高处往下看，陡坡上满是失事汽车的残骸，令人心惊肉跳。

初到贵阳，看到一排排的骑楼，像沪上金陵东路，有点大城市味道。可大多数地方还是天无三日晴，地无三尺平。我穿上钉鞋去上学。这是我第一次上学。面试时，老师问，太阳是从哪边出来的？我的回答是：西边。迎来了哄堂大笑。纠正错误后，老师笑眯眯对我说，你就上二年级吧！

我在贵阳度过了难忘的中秋节。妈妈带我们姐弟俩上街，走过冠生园，看到橱窗里的月饼，囊中羞涩，妈妈只好说回家去吃柿子吧。想不到进了家门，只见一只尺把长的大老鼠，正把柿子啃。

没多久，独山也失守了。消息传来，家里一片忧心，好在爸爸和哥哥终于来了。那是一个傍晚，刚刚亮灯，满脸黑灰的哥哥、舅妈同爸爸一起突然出现了！坏消息是，出版社的全部家当遇到了金城江大火，几乎都毁了。唯一的好消息是，好不容易保全了可以用于印书的纸型。事后才知道，哥哥和舅妈是蹲在车顶上过来的，怪不得满脸黑灰。

独山失守，贵阳也失去了屏障，我们只能坐上卡车再逃难。此时已天寒地冻，烧木炭的汽车呼哧呼哧艰难又缓慢地在高原上爬行，我们手脚都冻僵了，麻木无知觉。

到了重庆，何处落脚成为大问题。战时陪都，涌入了大批下江人，建了一批茅草房，权作栖身地。

"出门靠朋友。"如周辅成先生在回忆文章中说，抗战时期，国人极重同胞情。刚到重庆时，爸爸找到了大学同窗王家域，他当时在政府新闻处做翻译，有一间茅屋，我随爸妈就挤在他那所小小的茅屋的后间里。奶奶和姐姐晚上就到王先生的上司董显光先生家里的储藏室借住。天色已晚时，王先生就笑眯眯地对姐姐说：眼泪水出来了，想睡觉了吧，快去董家吧！王先生嗜酒，地上一排排空酒瓶，晚上用作尿壶。另一件趣事记忆犹新。四川不愧"天府之国"，猪多，穷日子里，王先生经常炖猪脚。有一次端出来的时候，土制砂锅掉了底，王伯母烫伤了脚，搞得大家好紧张。

不到一个月后，爸爸给我们找到了新的落脚点，位于嘉陵江上游的小镇北碚。我们住进了华中图书公司的楼上。北碚虽小，却是国民政府的模范镇，安置了不少文化机构，聚集了不少文化人。老舍先生就在国立编译馆上班，他的住所就在附近。家父带我去拜访时，我第一眼看到的是一幅画，一笼小鸡奔出来，栩栩如生（后来知道是齐白石的画作）。我见了欢呼雀跃，忘记了叫舒伯伯。那天我穿了上海带来的花衬衣，老舍先生就给我起了个别号：穿花衣服的小男孩。我在北大读书期间，爸爸带我去舒家，老舍先生还记得这个别号，连声问：是不是那个穿花衣服的小男孩？

嘉陵江喜怒无常，时而水浅可去江边玩耍，时而大水漫上街面。有一次"水漫金山"，我们老老小小只得逃往爸爸的友人葛律师家避难。

在北碚，我们迎来了抗战的胜利。"号外"声屡屡响起，日本宣布无条件投降。我们欢呼雀跃，可以回家了，不做"下江人"了（当时同学都称我们是下江人）。

堂叔就读的交通大学租了一条小火轮，堂叔给我们搞到了几张票，沿江东下。到达汉口后，小火轮绑上了一艘下江去受降的日本大军舰。此时的日本兵，不再像沪上见到的扛着三八大盖、凶神恶煞的鬼子兵，彬彬有礼地请我们吃刚刚出炉的饼干。我们切切实实体会了一把胜利国国民的幸福感。

南京下关靠岸，安全转乘火车，我们回到阔别已久的老家上海。喜出望外的是，我们刚刚准备打地铺，穿得鼓鼓囊囊的爸爸突然现身了。原来他把全部家当换成黄金，装在两件大衣里，搭乘飞机回上海。至此，颠沛流离的逃难生活终于打上了休止符。

我与光华

我父亲是第一代光华人，我可以算是末代光华人。

1925年五卅运动期间，圣约翰大学学生举行悼念死难同胞的纪念集会，遭到校方强行阻挠，引起了广大师生的强烈抗议，在6月3日离校出走。张寿镛先生在大西路购置土地，建成校舍，创立光华大学及附属中学。"六三"就成了光华的校庆纪念日。当时家父在圣约翰大学附中就读，同班的挚友就是寿镛先生的公子张华联。他们一起携手转入光华附中，毕业后继续在光华大学外文系上学直至毕业。称他为第一代光华人，实至名归。说到我自己，之所以称为末代光华人，是因为在1950年代全国范围的高校院系调整中，光华大学及附中与大夏大学及附中合并，组建成华东师范大学及附中。当时我在光华附中读初二，院系调整后就成了华东师大附中的首批学生。

光华建校是爱国运动的产物，具有爱国主义的传统。1950年代抗美援朝进入高潮时，媒体曾广泛宣传光华的建校史，附中顾鼎承老师的照片还登上了报纸的头版。

光华是所小学校，也是一所历史短暂的学校。看历史，学校也好，刊物也好，不论开办时间长短，有的是在历史上留下不可磨灭的印记的，也有的是没有什么印记的。光华是留下印记的，是会保存在我们民族的记忆中的。

光华还是一所具有鲜明特色的学校。

首先，光华在学术上、教育上有很好的传统。著名教育家廖世承先生留美归来后，出任光华附中校长。他尽心尽责，以身作则，与师生同甘苦，吃住都在学校里。《良友画报》上对他有长篇的记载。"文化大革命"后，我父亲在运筹出版《良友画报》影印本的时候，发现了这篇文章，专门复印了让我送到廖校长的公子、我中学时的班主任老师廖康民先生家里。那时他年过六旬，患有夜盲症，几乎失明。他的八个子女中六位都是当教师的，真正的教师世家。他的大女儿廖有盼还是新疆的模范教师。

廖校长致力于选任优秀的教师。附中的许多教师在高校院系调整后被聘为大学教授，如赵善怡、叶百丰、谭惟翰、唐之瞻等，还有后来在复旦大学出任英语系主任的徐燕谋、中国社科院历史所副所长的郦家驹等。

光华还有一个师生同乐的风气。印象最深的就是，校庆时，教导主任毛仲盘等几位老师浓妆出演"四郎探母"，廖康民先生扮演的艄公惟妙惟肖。这一风气延伸到课堂上，教师鼓励学生大胆发表自己的见解。当时流行一本苏联小说《三个穿灰大衣的人》，语文课课堂讨论时歧见纷呈，同学们的许多看法与任课教师相左，有的时候搞得教师下不来台。但毛老师耐心地做两方面的工作，沟通不同意见，达至和谐相处，也使得师生之间能真诚地交流。还有一位俄语老师，她心思细腻，善于从学生的作业中发现学生的情绪变化，经常与学生谈心。后来这位老师调到新建的二附中，被任命为教研组组长，带出了一批优秀青年教师，教研组获得了许多荣誉。

光华出过不少有名的人。大家熟悉的有周有光、吕思勉等，其实还有许多，如正国级的领导尉健行，还有著名报人储安平，等等。

说这些，一个是希望学校珍惜这些遗产；另一个是觉得现在环境是资源越来越集中，教育也是这样，重视传统，提倡文化传承。世界本来就是由大中小组成的，不同的学校只要尽力，是可以为社会为民族做出自己独特的贡献的。光华的启示也许就在这里。

我在光华附中的老师们

对于教育伦理，我没什么研究。但我一辈子生活在学校里，小的时候当学生，工作之后做教书匠，对教师这个职业还是有点感觉的。对一个教师来说，做一个合格像样的教师，一个让学生一辈子不忘的教师，最需要的是什么呢？当过学生的、教过书的都知道，语言的表述不一样，意思会大相径庭。

这里说说我上中学时候的几位老师。历史老师田士道先生，他讲抗日战争史的时候，讲教科书上没有的《论持久战》，讲他的读书心得，讲得非常吸引人，课后同学们都想找书看。当时，《毛泽东选集》第二卷刚刚出版，我家有一本，在班上传了整整一个学期，书都翻旧了，封套也破了。这是我第一次完完整整地读一本毛泽东的著作。高考前，我觉得教科书太简单了，就找了家里一本尚钺编写的中国历史书籍，写了读书笔记，请田老师指教。他阅后对我说，在中国历史分期问题上有几派观点，你应考的话，需用教科书上的观点而不是尚钺的观点。这是我第一次懂得人文学科往往有不同的学派和观点，要学会比较分析，要自己有思考，不能读什么就是什么。

俄语老师凌贤骅，是四个孩子的妈妈，听广播自学成才。她对学生特别关心，尤其擅长观察学生。如果你有什么心事，她会从作业中看出来，约你谈心。同学们都把凌老师当作知己，常常会祖露自己的心迹。后来她当上了华东师大二附中教研组组长，还评上了先进。

高一时的班主任廖康民老师，一位优秀的数学老师，可以不用圆规直尺，在黑板上画出标准的几何图形。他是著名教育家廖世承先生的公子，又是一位热衷京剧的票友，校庆的时候盛装出演"打渔杀家"，扮演的艄公惟妙惟肖。这位可敬可亲的老师，清贫一世，晚年处境艰难，眼睛几近失明，子女多，经济拮据。同学们得知此景，在远在香港的一位女同学的带动下，纷纷解囊相助。

高三的班主任丁明远老师教授化学，他出身名门，是科玄之争中名气很大的丁文江的侄子，也是丁氏家族唯一的后人。丁老师学养丰厚，精通德语，年轻时有雄心大志，期望在学术科研上有所成就。然而他大学毕业后被分配到中学任教，就把一生奉献给了教育事业。他担任班主任后，体察到我们这批高中生自主性强，希望有自主发挥能力的机会，于是采取了让学生自由结合、组建学习小组的方式。此后，他都是采取提出建议、提供帮助的办法，让我们自主地组织活动，师生之间建立了深厚的友谊。他喜欢摄影。学生聚会，邀请他出席，他胸前总会挂上好几架相机，"长枪短炮"一应俱全。他把学生的成就视为最大的乐事。我们年级的翘楚方成同学，年纪轻轻就当上了中国科学院院士，他的名字后来被国际天文学界用于命名一颗小行星。丁老师闻讯之后，一个一个打电话告知同学们。他曾在同济大学的校友会上自豪地声言，我不是院士，可我是院士的老师。

这些故事中，我的感受是，师生之间最重要的是要有一颗真心，教给学生的是自己的心得，真心诚意地帮助学生提高，用心去了解学生，走进学生的内心世界，尽可能做到心灵的相通。列宁说过，真理是朴素的。这也可以算是一条朴素的常识。

但是，有的时候常识会变成异端。最近有文章谈到"底线的公平"时就提出了这个问题：在基本的权利和机会上，人人应该平等。也就是说，穷人家的孩子通过自己努力最后也能获得一个比较好的社会位置，能够通过自己的聪明才智与奋斗获得上升的机会。可是现在呢？"拼爹"和各种各样的"二代"现象在教育领域也不鲜见，真心的交流在某些情况下会很难，常识就不再被承认，有的时候竟成了异端。

我希望研究教育伦理的专家们，把各个历史时期一代一代教师的故事整理整理，让大家（教师、学生、家长和官员）看看，从中悟出一些简单明了的古今通理，以便在眼花缭乱的舆论中保持一份清醒和淡定。

我在北京大学哲学系的日子

经常会碰到一些学生问我，为什么会选择哲学专业，进了当时唯一的一所有哲学系的大学？甘冒这种风险，要说最初的原因，也许只有两个字：色盲。查查升学指南，除了数学和力学之外，理科都不能报考，遑论工科。见到升学指南上说，哲学专业既要学社会科学，又要学自然科学，这对我有点吸引力，于是我写信给上一届进了北大哲学系的华东师大附中团委专职干部程光裕。他回信说，哲学是科学之科学，北大哲学系汇聚了许多知名的大师。这封回信一下子吊起了我的胃口。于是，误打误撞，我跨进了北大哲学系的大门。

按照学校的惯例，我们年级被称为五五级。1955年对我来说是人生的一个最重要的节点。开学第一天，头戴无顶遮阳帽的金岳霖先生亲自主持哲学系的迎新会。我们参观了高年级同学办的一个展览，陈列着学长们的读书笔记、文摘卡片、听课记录……展览室中央一条红色横幅上写着："立志做好马列主义宣传员！"（据高年级同学介绍，去年的标语是："欢迎你，未来的哲学家！"）第一学期开的两门重头课，其一就是政治经济学（共11个学分）。此时该课程还没有教科书，老师开的参考书主要就是《资本论》等马恩著作。图书馆藏书只能在特定的阅览室押证借阅，不得带出，我们只得到图书馆阅览室抢位置。刚开始读的时候，一个小时只能读一页到两页，慢慢就读出滋味来了。于是，我们在政治经济学上花的时间比辩证唯物主义还要多。同班的陈村富读得最起劲，口里经常用闽南腔的普通话说"使用价值""交换价值""等价物"等，同学们就给他起了绰号叫"等价物"。他性格开朗，开得起玩笑，乐呵呵地接受了这个雅号。暑期，他把家里寄来的回家路费用来买了三大卷《资本论》，就留在学校里埋头苦读。

入学初，因为肃反运动，毕业生尚未离校，我们新生就在小饭厅暂住月把。毕业生离校后，我住进了十七斋，上海来的我、朱贻庭与两位黑龙江同学——夏剑豸、弓肇祥同室。

我们一个年级两个班总共有 60 多人，来自五湖四海。南方的有来自福建、广东，西部的有来自新疆、甘肃（艾莎、田夫）。年龄和阅历差别也极其大。工农速中毕业的田大姐是四个孩子的妈妈，把我们当小朋友，经常来问有什么需要缝缝补补的。从黑龙江呼玛县来的老弓，住在我的下铺，对逻辑学最有兴趣，买了本《小逻辑》，埋头苦读，同学们给他起了个绰号"白格尔"。

还有好几位年纪较大的老大哥。从工农速中来的党支部书记柳文超，是 1946 年从辽宁省宽甸县参军的老兵。来自北京市建工局的调干生刘滨，虽然不是党员，但阅历丰富，为人仗义，好打抱不平，颇有侠士的风度，在众多调干生中显得有点另类；有些应届生很喜欢到他的寝室里侃大山，听他讲那些闻所未闻的故事，比如去内蒙古见到别样风俗；他的另一个吸引力是经常会拿出一些内参，给我们传阅。

第一年我们在平静中度过了。江隆基书记兼副校长在学生大会上强调，要照顾青年人的特点，周末和周日不要安排党团组织生活，让学生好好休息，自由活动。有对象的可以写情书；可以去看电影，大操场上放电影，四分钱一张票。同班的叶朗经常在房间里写文章，他从中学时期就开始给出版社编写连环画脚本和说明文字。他看的书也多，思想活跃。这一年，学校里的文化氛围是比较轻松活泼的。这一年，我们五五级一班还评上了三好集体，时任班主席（当时的体制，班级有三个职务：党支部书记、班长和班主席）的我走上主席台领取三好集体奖状。这一年，同学们的主要精力都用在好好读书上。

想不到，第二年风云突变，平静的校园生活戛然而止，运动接二连三，同学之间关系也变得紧张。

1957年5月19日，校园里贴出了一张题为"是时候了"的大字报。不经意间，大字报铺天盖地。物理系学生谭天荣，倡导建立黑格尔—恩格斯学派，宣布成立"百花学社"。少不更事的我们，还以为是学术争论，就纷纷准备与他辩论。熟悉黑格尔学说的弓肇祥写了稿子，在大饭厅的辩论会上作了长篇发言。一位党员教师高宝钧被派来做我们年级指导，出版油印小报《五月》。

《五月》第一期上，刊登了弓肇祥批评谭天荣的发言稿，还有一篇《为康宏逵鸣不平》。后来成为著名逻辑学家的康宏逵，当时是高年级的同学，曾在全系大会上受到批判，被指责歧视工农出身的同学。许多同学觉得康有学问，"恃才傲人而已"，那种批判"上纲上线，过分了"。闯了大祸的是发在《五月》上一篇百把字的短文。题目很突兀，"质问《人民日报》，为何不刊登北大鸣放的消息"。署名冒从虎、郁慕镛、樊玉昌和我，但我们四人都不是该文作者。1958年6月末，不久前刚刚从生物系转学过来的孙蓬一贴出小字报，给《五月》戴上了"漏网右派"的帽子，引发了激烈争辩。后来，有十位同学受到团内纪律处分，重的开除团籍，轻的免予处分（这也是一种处分，收进档案，伴随终身）。

1958年8月末，哲学系全体到大兴县芦城乡劳动。我们五五级到了永定河边的鹅房村，这是一个相当大的村庄。

那时正值人民公社化运动的高潮。我们在刚刚办起来的食堂吃饭，吃的是糙米饭，老乡都不喜欢，称之为机米，说还不如窝窝头好吃。下饭的菜特别齁，原来是用盐拌的生韭菜。

人民公社化运动初期，采取了各种各样的大包干办法，各取所需。最多的叫12包，芦城采取的是8包，最要紧的是包吃饭，"吃饭不要钱"，其中还包括了"包治病"这一条。于是就出现了一个奇观，一辆接着一辆的大车，载满老乡去看病。第二天，卫生站就扛不住了，不得不宣布停止。老乡们也不知道将会发生什么，人心惶惶。一位姓李的老中农把家里的两头猪都杀了，就怕被充公。

我们这个村庄编成了一个大队，然后分成四个小队。我在的那个小队，队长叫傅友宽，对我们非常友善，也很爱护。下地的时候，他会说出一些很有智慧的格言。比如农活要认真做，"人欺田一时，田欺人一年"。可他也不知道以后会怎么样，收成会归谁，于是在中秋节摆了盛宴，捕鱼杀猪，割下八成熟的稻子。

国庆后，时任中宣部副部长的周扬同志前来视察，还做了报告。印象最深的是，他说周总理前往河北藁城调研，发现有些做法偏离正道，应及时调整。

后来，我们转场到交通便捷的西黄村，西黄村是个专门从事蔬菜生产的生产队，既有绿皮红心的大萝卜（有个美称"心里美"），又有可以在雪地里过冬的芫荽（南方人称之为香菜），还有用火炕慢慢煨出来的黄灿灿的韭芽。我们的主要劳作就是挖窖，储存大萝卜。老乡们说，如果窖藏成功，来年五一节，就成了时令水果，可以卖出大价钱。

结束劳动后重返学校，此时我们已临近毕业，大家就各奔前程了。

大兴记事

1958 年 8 月末，北京大学哲学系全体下放到大兴县芦城乡，我们五五级到了永定河边的鹅房村。这是一个还算大的村庄。我同几个同学，顽皮又兴奋，跳进了永定河去洗澡，结果第二天就发烧了。老乡赶着一辆大车送我到乡里卫生站，里面只有一位老医生，给我打了一针，当晚发了一身汗，第二天就好了。

那时正值公社化运动的高潮，采取了各种各样的大包干的办法，各取所需，芦城采取的是 8 包。最要紧的是包吃饭，吃饭不要钱，我们到刚刚办起来的食堂吃饭，吃的是糙米饭，老乡都不喜欢，称之为机米，说还不如窝窝头好吃。

鹅房村作为一个大队，分成四个小队，我在的那个小队队长叫傅友宽，对我们非常友好，也很爱护。在我们下地干活的时候，傅队长会说出一些很有智慧的格言。比如农活要认真干，"人欺田一时，田欺人一年"。他也不知道以后会怎么样、收成会归谁。于是，在中秋节那天，大开宴席，把只有八九分熟的稻子割下来煮成米饭，味道真香，一辈子再也没有吃过这么美味的米饭了。他还让人杀猪抓鱼，我们过了个最丰盛的中秋节。

活干得累了，傅队长就拿把镰刀割了一大堆尚未完全成熟的黄豆，就像南方毛豆，点上火，用滚烫的沙土盖起来，焐熟后，同我们一起分享。味道之鲜美，口留余香，至今难忘。

"大跃进"期间，《人民日报》上提倡深翻地，介绍推广河南长葛的五层法，我们想照着做。傅队长拧不过我们这些大学生，给了一分地做试验。我们翻地时，一位年届六旬的金大爷，天天蹲在地边看，一边看一边说："小伙子，你们把底下的生土都翻上来了，熟土被盖住了。没有肥力的生土上，庄稼怎么能长出来？"头脑发热的大学生根本听不进去，照做不误。金大爷生气地说，你们不信，秋后再来看！幸好，没等到秋天，我们就转去了离大兴县城很近的西黄村，否则就没脸见金大爷了。

在鹅房村的时候，我的鼻窦炎发作了，头疼难忍，领导批准我回学校治病。回校后，我发现学校食堂里也是吃饭不要钱，一大桶面条端出来，喜食者蜂拥而上。快要捞完时，有位同学被后面的人挤得来了个倒栽葱，一头栽进去，两脚朝天，一片乱象。

我的鼻窦炎很严重，校医院把我转去城里北大医院（北京大学第一医院）。医生一看，说要动手术。我说，现下正在乡下劳动，请不出假。他就给我做了穿刺，引出了许多脓。还说，一次洗不清，管子留着，过一些日子再来。于是我就留着管子回鹅房村，调皮的同学笑话我，说我这样就叫"鼻子插葱——装蒜"。

国庆过后，周扬同志来芦城视察，还做了一个报告，传达中央的精神。我们都听了拉线广播。大意是，毛主席派周总理亲自去河北藁城调研，发现了不少问题，有些偏差需要调整。比如"敞开肚子吃饭，鼓足干劲生产"，需因地制宜，不宜普遍推广。

秋天要来临的时候，学校领导考虑到鹅房村太偏远，让我们班转场到大兴县城附近的西黄村。告别时真有点依依不舍，舍不得离开朴实无华的老乡们，包括村校的那位老教师，他一个人要上四个年级的课（复合班）。我曾担任过村校的自然课老师。临别前，他特地备了酒菜款待我，还夸奖我、鼓励我。"你是正派人。"这其实是对我的嘱咐，一句话，终身受教。我明知自己做得并不好，有时课堂纪律都维持不好，调皮捣蛋的学生管不了。尤其舍不得傅队长。他虽然只是一个小小的生产队长，管的也只有一百多口人，但在这一时期能把百姓生产、生活安排得妥妥帖帖，社员之间也能和谐相处，实属不易。多年后我在《前线》杂志上看到北京市委表彰他的文章和照片，发自内心地为他高兴。

西黄村是另一番景象。与永定河边连片水稻田不同，全都是精耕细作、整整齐齐的旱田，作物是各色各样的蔬菜。这个村庄的富裕，一望而知。所有的猪圈都是用青砖码成的；农家的居所、堂屋都是青砖砌成的瓦房，两边还有放置农具和粮食的耳房。农民耕作的精细单从肥料的制作和使用就可以看出。从猪圈起出的粪肥都要堆起来，让其发酵，成熟后摊开晒干，再用碾子压成粉末状，来年下种时用作底肥。像最吃肥的韭菜，必须铺上厚厚的底肥。他们一年四季的安排都十分细致。韭菜割了一茬又一茬，到了冬天，就把菜根移到特制的土炕上，下面烧火，煨出黄灿灿的韭黄。赶上春节来临，上市就可以卖得大价钱。还有能够在雪地里顽强生长的芫荽（俗称"香菜"），也是春节时的稀罕物。最出名的是有"心里美"美称的绿皮红心的大萝卜。老乡们说，放到五一节，这萝卜就成了金贵水果，可以卖高价。挖窖、存萝卜就是我们秋后的主要劳作。

凡此等等足见，京郊那些受过市场洗礼的农民朋友，谙熟市场之道，绝不是有些论者所说的"乡巴佬"。反倒是亚当·斯密看得准，如《亚当·斯密在中国》一书所说，中国的个体农民不同于实行长子继承制的英格兰，他们更熟悉市场规律。

我们在西黄村劳动时，系里的老先生们来访。回去后，冯友兰先生在《光明日报》上发了一篇文章，题为"树立一个对立面"，强调人类的认识过程是实践、认识、再实践。学生的学习过程与之不同，应是学习、实践、再学习、再实践。学生参加社会实践、参加劳动是必要的，但是书还是要读的。冯先生的大胆建言为校方采纳，于是我们开始了半天读书半天劳动的生活。生产队专门拨了一间房子，还置了一些课桌椅，我们终于有机会恢复读书生活了。读书的间隙，好动的几个调皮鬼在一只破排球里塞了点沙子，当足球踢。

其间还有两段趣事。一位想象力丰富又擅长画画的同学在食堂对面一溜的墙面上创作了几幅漫画，如一辆大车上装了一根硕大无比的玉米棒子；他还在食堂的大门口书写了一副对联："敞开肚子吃饭，鼓足干劲生产。"有一天，几位地方干部来视察，见了这副对联就大发脾气，立刻命令将之撤下。那位同学很不服气，辩解说，这副对联是《人民日报》上登的。那位地方干部生气地说：你了解这里的情况吗？你知道当地大多农民每年是怎么度过春荒的吗？不要瞎写，赶紧给我拿下来。

春天来临时，系里组织了一个小分队参加整社运动，我被派去十余里之外的孙村大队。晴朗的夜空下，我步行进了村，住在一位老贫农家里。他只有一个未婚的独生子相伴。老汉虽不善言辞，待人却真诚友好，叫我不要去食堂，由他给我带饭。起初我还觉得很不好意思，后来慢慢才知道，那时粮食供应已短缺，食堂发的是红高粱饭。每次开饭，老乡们骂声不绝。老汉告诉我，当地的习俗，白高粱是人吃的，红高粱是马料，我作为公家人，给红高粱吃会被骂的。过了几天，老汉突然翻出珍藏的白高粱面和磨成粉的榆树皮，擀了面条，给我改善生活，还从不到一分的自留地上摘了两根大葱。这份情谊，终生难忘。

我们的孙村之行，原本任务是为整社会议作记录，摘要后带回来，送上去。哪想到，生产队的会议根本开不起来，人心涣散。有些老乡为了搞点零花钱，有空就到路上去扫白花花的碱面（那里都是盐碱地，春天道路都泛白）。

数十天的孙村之行，让我终于明白了去之前基层干部那顿训话，真正体现了实事求是的精神。下乡前，我们争论要不要带蚊帐，有人说报纸上登了除四害成就巨大，挂蚊帐是多此一举。在鹅房，我们还想过割猪尾巴试试，因为报纸上说割了尾巴猪可以多长肉，幸好被老乡制止了，没有闯大祸。

在西黄村期间，我们这些四体不勤、五谷不分的学生常常异想天开。有段时间，文艺细胞丰厚的小戴和老冒等还凑在一起想把下乡的生活拍成电影。尽管后来一事无成，但足见当时大家敢想敢做的精神风貌。

西黄村和鹅房的生活，让我长了不少见识，还看到了一些奇人奇事。比如，有一位刘大爷头上还留着辫子，冬日的阳光下躺在墙根，好像世界没有发生任何变化，还是在清代一般。"文化大革命"后，我参加高考命题，老革命温济泽陪同教育部部长蒋南翔一起前来审题。蒋部长说，你们千万不要把学生想不通的问题纳入试卷，不要逼人说假话。彭珮云副部长插话说，这几年思想教育有很大的成效。温老就不以为然。他说，不要估计得太高。他还说起去四川山区调查时，发现老百姓最关心的是养家糊口、传宗接代。他的一席话发人深省。

　　就我们所见，此时的京郊农村大部分还是富裕的，住的是青砖砌起的砖瓦房，吃的是玉米面的窝窝头，下饭的有自留地上种的蔬菜，逢年过节还可以开荤。许多农家还有饮酒的习俗。西黄村的老支书就好这一口，长年嗜酒留下的病根就是胃出血。我们这批学生离开西黄村前夕，老支书端出大瓶的土烧酒欢送，喝倒了几位原先系里指派回校整理宿舍的先遣队员。我这个从小滴酒不沾的就成了替补，提前回校整理宿舍。第二天，我就作为先遣队回到了学校，就此告别大兴的父老乡亲。

可敬可亲的马校长

初次见到马寅初校长是在1955年的除夕之夜。聚餐后，我们都涌向大饭厅守岁，等待新年的来临。意想不到的是，当钟声响起的时候，年过七旬的马校长登上了舞台，用他那绍兴官话，开口就是："兄弟向诸位拜年啦！""刚刚去参加周先生（指周总理）举办的晚会，来迟了，抱歉了。"我开始很惊讶，慢慢品味，才悟出老校长对我们这些小辈后生的厚爱和礼遇。还有一次，马校长请农业部部长廖鲁言给师生作报告，他在简短地说明农村和农业的重要之后，对大家说：我也要学习，我耳朵不好，我要侧面对着廖先生听他的高见。接下来，他就搬动椅子，转过身来，面朝廖部长，一直端坐到报告结束。

同马校长的近距离接触，更是令人感受到忠厚长者对学子的关爱。1957年春天，整风运动开始，学校号召学生积极参与，各式各样的会议很多，后来又是大字报，又是辩论会。我们年级的一些同学还办起了油印的小报，常常熬夜，白天上课没有精神。我和班上几个少不更事的同学给马校长写了一封短信，说为了更好地参加运动，能不能停课或者减少一点课程，等运动过去我们一定会努力学习，也学得进去了。马校长接到信后，马上约我们到燕南园1号即他办公的地方去谈话。入学一年多的低年级学生的一纸信笺，竟然会被校长这位大人物如此重视，亲自约见，不胜惶恐。一进门，他的司机笑嘻嘻地把我们引进客厅。落座以后，马校长就亲切地对我们说：你们的信我收到了。你们都很年轻，年轻的时候就是要珍惜时光，好好读书。接下来，他就指指司机对我们说：我对他只有两个要求，一个是车要开得慢一点，稳一点。我年纪大了，千万不能出事，我希望长寿。另一件事就是学习、读书，我给他布置作业，还要检查，时不时要考考他。接下来，他就谈笑风生地和我们话家常，讲自己如何经常爬山、如何轮流用冷热水洗澡，锻炼身体，争取多活几年，可以多做点事情。他还说：中华人民共和国成立后，我一直在学俄语，只是年纪大了，学得很慢，常常学了又忘，不过还是要学。接着又换了个话题，说现在留学生越来越多了，众口难调，留学生食堂做什么样的饭成了一个难题。今年又来了许多苏联留学生，留学生中他们人数最多，我想着增添一种俄式菜，这是大局。你们想事情也要想想大局，这么大的学校要是停了课，那还像话吗？马校长循循善诱的这席话，说得大家心悦诚服，由衷地向马校长致歉，不该用这种事情让校长费心。

同窗老友朱贻庭还讲过一个故事。1956年春，学生会组织大家去八达岭春游，当时朱贻庭作为学生会副秘书长，负责组织并带队，从中关村车站上车。临开车前，马校长赶过来给大家送行。朱贻庭是美术社社员，见到马校长就抓住机会拿起画本，给马校长来个速写。马校长注意到了，就认认真真地在离他10米远的地方摆好姿势，一脸笑容让他画。这个场景深深地刻在了朱贻庭的脑海里，只可惜那个画本没能保存下来。

马校长不喜欢对学生训话，没有对学生说过你们该如何如何的话，而是将自己置于一个平等的位置与学生对话。有段时间，这位曾经留美的经济学家专注于人口问题研究，以学者身份在大饭厅举办了几次演讲会，阐述自己的见解。我们下课后赶紧跑去听，饭厅里挤满了站立着的学生。记得他十分激动地说：我每年都要回绍兴老家，亲眼看到中华人民共和国成立后，老百姓的生活好了，家家户户小孩子生得很多。可是中国那么点土地，人口再这么增加下去，靠这点土地怎么养得活？我们总不能像有些国家那样去扩张领土，侵略人家吧！他还在报刊上发表文章，宣扬自己的观点。马校长因此遭到了许多非议，被指责为"张扬反动的马尔萨斯的人口论"，他激动地反驳："马尔萨斯姓马，马克思也姓马，我是马克思的马，不是马尔萨斯的马。"

后来发生的事情更是令人终生难忘。那是在五年级的时候，有一天晚上系里通知我们年级和经济系的师生一起到哲学楼的阶梯教室参加批判会，批判的对象竟是我们尊敬的北京大学的校长——马寅初。一连串的批判发言，像马校长的生活琐事，如出差去杭州时，因牙口不好喝了点鸡汤，都上纲上线拿来批判。那时还算讲点礼貌，让这位七旬老人坐在一张椅子上作答。马校长心平气和地作答，对那些人身攻击不置一词，对那些读出来的批判稿的内容也没有反驳一句，用十分平和的语气对发言的青年教师和学生说：我的那些经济主张是有根据的（那次会议的主题已经不是针对"人口论"，而是马校长强调经济平衡的"团团转"理论），我是依据许多材料、文件等得出的结论。最后，他有点激动地说，我的一位老朋友对我说，只要你认个错，不说这些东西，什么事情也不会发生。我一直很尊重他，也愿意听他的意见，但是想来想去，这一次，我不能听了。因为我已经老了，其他的都已无所谓了，我一定要给青年人树一个榜样。

这次会后，有学生干部要求我们到燕南园1号马校长的办公处贴要求罢免马寅初校长职务的大字报。想起年迈的马校长毕生都在为国为民思考和呼吁，想起忠厚长者对我们的关爱和谆谆教诲，想起他对批判他的年轻人还是那样的宽厚，怎么忍心去做这种事情？！

磨剑者的风范

——忆汪子嵩先生，写在《希腊哲学史》
（四卷本）出版之际

历时近 30 年，四卷本《希腊哲学史》终于大功告成了。坐在新书发布会的会场里，我感慨万千。头脑里首先跳出来的是，1979 年我们北大哲学系五五级部分同学拜访汪子嵩先生的情景。

是年 11 月，我在参加在太原召开的中国现代外国哲学研究会（后更名为"中国现代外国哲学学会"）第一次全国讨论会之后，经大同到了久违的北京。当时，我想做的就是两件事情：一件是与毕业后很少有机会见到的老同学相聚；另一件就是拜访毕业后一直没有见到的老师，其中最想见的就是引领我们跨进哲学殿堂，在我们毕业时他却身在斋堂山区劳动而无法相见的启蒙老师汪子嵩先生。拜访汪先生也是在京的许多同学的心愿。于是我们一行十来人赶到先生在王府井人民日报社的办公室。

历尽坎坷的汪先生还是那样风度翩翩，我们非常高兴。先生还是像以前那样，用一口杭州官话不紧不慢地与我们叙谈。在得知大多数同学又能重返哲学领域之后，他说他也要回到"古希腊"去了。除了每周两天的报社工作外，其他时间可以做希腊哲学的研究。他还邀请我们和他一起做。当时的我真有点心动。后来才知道编撰多卷本《希腊哲学史》的事情已经开始酝酿。

距这次会面已经 30 年过去了，我们自己都从不惑之年迈入古稀，当时未满 60 岁的汪先生也迎来了 90 岁寿辰。刚刚印成书的《希腊哲学史》第四卷中，增加了他亲手撰写的"序言"和"第一、二、三卷要义"。耄耋之年，治学不已，令人敬仰。我不禁想起郑板桥的诗句："咬定青山不放松，立根原在破岩中。千磨万击还坚劲，任尔东西南北风。"

古人云"十年磨一剑"，《希腊哲学史》可是"三十年磨一剑"啊！这 30 年是风云变幻的 30 年，学界的风气也变幻无常。1980 年代，思想解放，但是种种禁锢还有待打破，治学者常常无所适从，困惑顿生。1990 年代，市场经济兴起，一时间"经济繁荣，哲学贫困""哲学边缘化"等论调甚嚣尘上，治哲学者不仅要忍受生活的窘迫、经费的拮据，还要承受精神的压力。进入新世纪之后，哲学研究的处境虽有大大改善，但依旧被"看不见的手"（市场经济法则）和"看得见的手"（各种评估体系）挟持着。赶着出书、发文、跑场子、争项目，学者们在生命之途上奔波。抚摸着 30 年工夫铸就的大书，我心中想，磨剑者何以能在不断变幻的风云中潜心磨剑？为什么他们能锲而不舍、精益求精，尽可能把最好的精神产品提供给后人？

也许，50 多年前，汪先生带我们逐字逐句精读的《费尔巴哈论》中恩格斯所赞许的德国古典哲学的"伟大的理论兴趣"，正是他们"咬定青山不放松"的立根之处。汪先生对希腊哲学的兴趣从青年时代开始，即使在投身艰难的地下革命工作时期和中华人民共和国成立之后主持北大哲学系——汇集了大批哲学名家的中国当时唯一一个哲学系之时，也没有淡去。村富兄在大学期间就对理论兴趣浓厚，入学伊始迷上了《资本论》。靠助学金生活的这位农家子弟用家里寄来的回家路费买了三卷《资本论》，暑期也不回家，埋头攻读，成为班上的佳话。他对古希腊哲学的兴趣则始于在任华先生门下读研之时，不惑之年还追随严群先生攻读希腊文。范明生学长早就埋头于对柏拉图的研究，他的兴趣之浓可以用一件小事说明。"文化大革命"之后，范学长到上海社科院工作，不时来华东师大查找有关希腊哲学的图书。有一次，我刚刚从旧书店为系资料室淘到一本珍贵版本的《柏拉图文集》。范学长见后竟无不艳羡地对我说：这样的书怎么叫你买来了，这该是我们那里买呀！

在汪先生带领弟子们"磨剑"的30年间，我见到他的次数不多，但是每一次都会为他的人格力量所感动。一次是1980年代末在武汉举行的中国现代外国哲学研究会全国讨论会上。那时社会上思想活跃，各种新说也开始流行，有人就主张西方哲学史的研究也要"六经注我"，不要再做"我注六经"的事情。会上争论颇为激烈。时任会长的汪先生，一如既往的低调，没有参与争论。他与王太庆、苗力田等老先生一起，创议并组织了柏拉图、亚里士多德全集的翻译工作。他还主动让贤，辞去会长一职。

进入1990年代以后，北大哲学系办过几次系庆，数百上千的校友在小礼堂或者大讲堂相聚，每每都要请汪先生讲话，可是这位为北大哲学系付出巨大心血的元老从未说过自己的功劳，相反总是叙说自己工作的不足，尤其对其在极"左"政策下的某些做法作真诚的检讨。这种自律的精神，在表扬和自我张扬成为风气的时下，更显其高尚。

1997年，我有幸参加《希腊哲学史》第四卷的启动会议，得以与汪先生相处多日。先生在会上宣布，他年纪大了，第四卷就交给陈村富主持。其间，我与村富曾同住一室。我就《希腊哲学史》第一卷出版后一直不解的问题询问村富。我说，这本书没有主编，署名按四位作者年龄顺序排列，你是汪先生的学生，课题又是汪先生主持的，这样排你安心吗？听我这么一问，村富就着急了，赶忙说：这可是汪先生坚持的。在第一卷定稿会后，在从重庆到武汉的船上，汪先生严肃地向他们宣布两条：第一，他不当主编，四人按年龄排名。他说：你们现在都还是讲师、助研，还要评职称，如果都挂在我名下，你们就受影响了。谁执笔的就算谁的成果，我会在序言中一一说明。第二，汪先生定下执笔者获得稿费的原则。他所做的修改、誊清工作，分文不取。汪先生又担心我们不接受，表示至多则取稿费的5%。我又问，这么大规模的书出版少见书评，为何不找人写写？现在许多书都是这样做的。村富解释说，这也是汪先生定下的规矩。第一卷出书后汪先生就说：我们还要写后三卷，希望能听到读者的真实意见，所以不要邀人捧场写书评。

高尚做事、低调做人、严于律己，这就是汪先生的风格，也是汪先生带出来的几位磨剑者的风格。正是这种风格，使得参与研究的三代学者30年间能够精诚合作、薪火相传、持之以恒；

也正是这种高风格，使得他们对自己的著述精益求精。磨剑者们从一开始就立意要尽量为我国读者提供原始资料的编纂者、版本、译本、评注和校勘方面的信息；在一手资料的基础上，介绍现当代西方学者的研究成果、流派、分歧意见、热点问题、学术动态；在综合一手、二手资料的基础上，又能发表自己的观点，为年轻中国学者走向世界，在希腊哲学研究领域争得发言权创造条件。这才是治学的正道，其实也是创新的正道。为此，他们耗费心血，无论是资料收集考证、概念翻译、流派梳理，还是观点提炼，都下了极大的工夫。其中有些成果至少是在解决汪先生一直关注的"以汉字为载体、以中国文化为背景的中国学者在研读以西文为载体的西方哲学时面临的困难及可能发生的误读"①（如 being 等最基本的哲学范畴的理解和汉译）方面，对中国学界产生了深刻的影响。以上足以证明，这才是学术的正道。

　　低调的汪先生在第三卷完稿时对这部著作做了如下的自评：从前两卷看，还是经得起时间的检验的。我们不求什么传世佳作，但求几十年内不过时，后人要研究希腊哲学，觉得翻翻我们的著作还是值得的，这就行了。

---

① 陈村富、包利民、章雪富：《黄昏时起飞的猫头鹰：晚期希腊哲学——〈希腊哲学史〉第四卷要义》，《哲学分析》2010 年第 1 卷第 3 期，第 55 页。

回忆两位先生

——洪谦与郑昕

先从洪谦先生说起。在我的印象中，洪先生是哲学领域的大家，他在维也纳大学留学期间是维也纳学派的正式成员，这在留学欧美的中国学者中实属罕见。他从不公开谈政治，也从不参与任何学术争论。1958年反浪费反保守运动期间，北京大学哲学大楼外墙上有一张四开大小的小字报，上面只有一句话："洪先生，你从维也纳回来了吗？"洪先生看到后默不作声，没有做任何回应。

我在北大哲学系读书期间，只听过洪先生的一堂课，主题是"马赫主义"。印象中，洪先生认为马赫所言的感觉的分析是一种哲学分析，即对"感觉"这个概念的分析，并不是说马赫真的认为感觉的外部世界都是虚无，可以跨出窗子跳下去。此文后来发表时用了"洪潜"的笔名。除此之外，在校期间我与洪先生没有其他交集。他给我们的印象就是一位西装笔挺、颇具绅士风度的老师，也是一位令人敬仰的大学问家。

1957年初，北大哲学系召开了"中国哲学史座谈会"，会上学者们就如何看待日丹诺夫的哲学史定义展开了激烈的争论。洪先生在会上的发言，避开了这一热点。这当然与他自己一贯的哲学观点有关。因为维也纳学派认为，唯心唯物之争是无意义的。他的主题是"谈谈学习西方哲学史的问题"。一方面，他强调学习辩证唯物主义需要与学习西方哲学史结合起来，不能将马克思主义哲学发展的思想根源置之不理。另一方面，他又提出要有重点地学习，强调要"按照哲学史中影响不同与大小不同的各种哲学派别和哲学家的标准，来制定学习哲学史的重点"[①]。也就是说，哲学学习研究不能以唯心唯物作为标准。接下来，他又提出组织翻译西方古典名著的建议。他强调，当下最紧迫的，不是翻译大部头的著作，而是要精选最有代表性的名篇与章节。这些建议，后来为有关部门采纳。洪先生组织教研室精通多种西方语言的同仁，选编翻译了六本西方哲学史资料集，后来还选编翻译了《西方现代资产阶级哲学论著选辑》。这些珍贵的资料成了几代学人哲学学习入门的起点，可谓功德无量。办法总比困难多，在有限的空间尽可能找到方向，为学术的发展做好基础性工作，这是洪先生的智慧。

1979 年的太原会议（中国现代外国哲学研究第一次全国讨论会），大大改变了先生给我的印象。会议在当时太原最高级的宾馆——山西省委招待所迎泽宾馆召开。宾馆包括两幢楼，一幢是五六十年代建造的苏式三层建筑，另一幢是新建的高层，大概是用于接待外宾的，底下的小卖部有特供的烟酒。大部分与会者都住在三层楼的建筑中，洪先生则被安置住在高层。有一天，洪先生招呼我们几个老学生到他住的楼下大厅聊天。他拿出特供的高级烟招待我们，还把他同学送的京剧票分发给大家，剧目是刚刚开禁的《四郎探母》。

[①] 赵修义、张翼星等编：《守道 1957：1957 年中国哲学史座谈会实录与反思》，上海人民出版社 2012 年版，第 83 页。

正式开会那天，会长杜任之先生主持会议，洪先生以名誉会长的身份坐在主席台上。杜先生在中华人民共和国成立后曾任山西省委第一任秘书长。省政府对会议十分重视，一位副省长到会致辞。

洪先生坐在主席台上眯着眼睛，好像是闭目养神。搞科学哲学的查汝强先生在大会发言中评述了波普的证伪主义，认为波普的观点与当时最热的"实践是检验真理的唯一标准"有相似之处。洪先生对此进行了反驳，指出波普的哲学体系与辩证唯物主义的实践观点从根本上是对立的。他还郑重其事地写成文字，刊载在会议简报上。

两年后，在西安会议（1981年中国现代外国哲学研究会全国讨论会）期间，我同洪先生又有一次单独的交谈。他告诫我做学问一定要严谨，不仅要依据可靠的文本，还要触类旁通，前后左右也得搞搞清楚。最后一次见洪先生是1986年我到北京出差，顺道去中关村他家中拜访。当时问起他还在做什么研究，他说就是写文章。如何在有限的空间有所作为？这是先生一直在思考的问题。

下面说说郑昕先生。

1955年，我考入北大哲学系。入学时，迎新会上致辞的是头戴无顶遮阳帽的金岳霖先生。不久，金先生去了中国科学院哲学研究所当所长，郑昕先生接任系主任。郑先生注重全方位培养学生，为了让大家增加自然科学知识，培养兴趣，他特地邀请理科名教授给我们开了一门"自然科学基础课程"。时任教务长的周培源教授、地理系的侯仁之教授等都给我们上过课。郑先生还及时听取学生的建议，调整课程。过新年的时候，他带了糖果到聚餐场所看望学生。

"百花齐放、百家争鸣"方针提出后，郑先生在《人民日报》发表了《开放唯心主义》一文，在社会上反响很大，在国际上也有影响。他亲自带头给我们五五级开设"康德哲学课程"。第一堂课上，郑先生坦诚地说：我年轻时留学德国，学的就是康德哲学。我对康德很有感情，但坚持辩证唯物主义必须批判康德。我批判得不彻底，会讲得比较乱。我知道，你们都很忙，睡眠不够，你们若没有兴趣就打瞌睡，青年人睡觉很重要。那时教材用的是蓝公武用文言文翻译的《纯粹理性批判》，可是上课时郑先生很少引用这本书。一学期下来，我们学得云里雾里。当时以为，郑先生内心可能很纠结，才会把课上成这个样子。近来读到汪子嵩先生的《往事旧友，欲说还休》，才知道，郑先生讲课，天马行空，讲一个问题的时候会突然跳到另一个问题上，逻辑线索常常会被打乱。而康德那些难懂的概念、术语，他往往放在那里，默认学生都懂，不作必要的解释。他在黑板上写字，也是一会儿德文，一会儿英文，一会儿中文，横七竖八，很难记笔记，"几乎没有一个学生敢说自己是听懂的"①。汪先生还写道："他写了《康德学述》一书，'弁言'中也说他的这些文章是'平日随

①　汪子嵩口述，张建安采写：《往事旧友，欲说还休》，生活·读书·新知三联书店 2015 年版，第 27 页。

己之所好，心之所记，一一笔之于书，剪裁为文’。”[1] 这也许就是郑先生的风格。

郑先生要求进步，关心政治。"双百"方针提出之后，在老先生中他是第一位发表文章表示拥护的。大多数老先生发表的文章都是讨论哲学史，尤其是中国哲学史研究中的难题，唯有郑先生的文章是直接讨论"双百"方针的。他从时任中宣部部长陆定一代表党中央所作报告中引出话题，首先讨论了学术与政治的矛盾问题，认为这是旧中国走来的知识分子主要的思想矛盾，并以自己的思想历程现身说法。他描绘了中华人民共和国成立后国家的盛况，使得他不得不佩服指导革命胜利的马克思列宁主义，开始觉得自己原来所信奉的可以"安身立命"的康德哲学之无用。他决心接受唯物主义，没有去碰唯心主义。于是"隐藏着的唯心主义思想和公开的政治热情，‘两峰对峙，双水分流’，各不相搅"[2]。这些都是郑先生坦诚的自白，也是他真诚要求进步的表现。

然而，郑先生对"双百"方针，尤其是对陆定一报告中所说的"开放唯心主义"政策的理解过于理想化了。他认为，开设唯心主义课程的"政治意义在于说明我们的社会已转入一个崭新的阶段，我们的客观条件已经成熟到不需要对唯心主义作政治上的‘戒备’了。在人民内部我们听唯心主义思想和唯物主义思想自

[1] 汪子嵩口述，张建安采写：《往事旧友，欲说还休》，生活·读书·新知三联书店2015年版，第28页。
[2] 赵修义、张翼星等编：《守道1957：1957年中国哲学史座谈会实录与反思》，上海人民出版社2012年版，第56页。

由争辩，自由竞赛，这就说明了我们的大学里有比资本主义国家多得无比的思想自由和学术自由"①。他在文章中还向"淹留在资本主义国家的朋友们"呼吁："你们不要再存顾虑，不要再听资本主义社会的政客们的恶毒宣传了；祖国殷切期待你们回来自由研究和自由讲学，祖国的空气是自由的。"②

《开放唯心主义》一文发表于 1956 年 10 月。次年 5 月，整风运动开始了。时任中宣部科学处处长的于光远先生来校调研，在临湖轩开过一个座谈会，不知何故我也受命出席。会上几位理科学生对作为公共政治课的哲学课——"辩证唯物主义"提出尖锐的批评，矛头直指列宁的《唯物主义和经验批判主义》。郑先生听了之后，马上让工作人员请来相关教研室的负责人一起参会，听取意见。

1958 年 8 月，我们系到大兴县劳动锻炼。其间，老先生们曾到我们班所在的西黄村参访。冯友兰先生回去以后在《光明日报》上发表了题为"树立一个对立面"的文章，认为人类的认识过程是实践、认识、再实践，但是学生的学习过程则是学习、实践、再学习、再实践。所以，学生还是要读书。校方接受了冯先生的建议，我们开始半天劳动半天学习。至于郑先生是否来过西黄村，我已经记不清了。直到我们毕业离校，好像都没有再见过郑先生。

---

① 赵修义、张翼星等编：《守道 1957：1957 年中国哲学史座谈会实录与反思》，上海人民出版社 2012 年版，第 58 页。
② 同上，第 59 页。

周辅成先生与人道主义大讨论

专注于人道主义研究的雷永生先生，在完成"西方人道主义史"丛书的编撰之后，着手编撰在1980年代中国进行过的一场关于人道主义与异化问题大讨论的实录与反思的文集，约我写一篇反思的文章。我虽是一名旁观者，但这次讨论仍给我留下了深刻的印象。

1980年代初出现了"萨特热"，在大学生中反响尤其强烈。萨特的名篇《存在主义是一种人道主义》为许多学子所赞赏，他们在课堂上也常常提出类似的问题。此时，周辅成先生所编的《从文艺复兴到十九世纪资产阶级哲学家政治思想家有关人道主义人性论言论选辑》（以下简称《言论选辑》）一书，就成了必读的材料。

《言论选辑》是命题作文。周先生坚持实事求是的、严谨的学术态度，客观地编选了这本书。按照当时的惯例，此类言论选辑前面要有一个序言来引导读者。

周先生写的"序言"像是一篇西方近代人道主义学说史的导论，有根有据地把这段思想史区分为三个历史阶段。他分别叙述文艺复兴时期、17—18世纪（即启蒙时期）和19—20世纪初三个历史阶段的人道主义（尤其是前两个阶段）演进史，所用的基本分析框架是：把人道主义置于劳动人民与封建统治阶级的思想斗争之中。他认为，文艺复兴时期新旧思想的对立中，封建统治阶级的旧思想是以上帝为主，属于神道主义，人民则处于从属地位。人道主义作为一种新思想，则是"力争以人为主，以人民为主"，一方面以人兽之分取代天（上帝）人之分，大胆地肯定自我；另一方面则推演出一种人道主义，把一切人的现实要求归结为人的自由与人的幸福，竭力为人对幸福的要求辩护，并为此提出了人的"全面发展"论点，还提出了宽容的主张，只是他们实现人道主义理想的方法还停留于要求开明专制。

启蒙时期的人道主义，在周先生的笔下也是新时期的新思想。它首先把人对自由幸福的要求以争取个人权利的形式提了出来，形成了"自然权利""自然法""自然秩序"的一套理论，以此为依据论证了人民有权推翻封建政权、根本上改变制度的要求，并提出了革命的口号。这些论述充分肯定了人道主义在历史上的进步作用，自然也用了非常大的篇幅来分析其历史局限性，尤其是引用了恩格斯在《反杜林论》中的分析，揭露了资产阶级的政治人物在取得政权之后在对待劳动人民的态度上所显示出来的虚伪性。

"序言"对19世纪的人道主义所作分析，沿用了恩格斯所采取的以1848年革命为界的做法。对1848年之前的人道主义，周先生着重批评了费尔巴哈把"博爱"看作是人道的根本内容，[①]也就是他在后来的文章中所说的不要把人道主义归结为仁慈主义。对于1848年之后的人道主义，周先生采用了一种独特的两分法，着力区分大学讲坛上的人道主义和与人民实际斗争结合在一起的

---

① 《周辅成文集（卷Ⅱ）》，北京大学出版社2011年版，第73页。

人道主义。讲坛上的人道主义就是孔德、穆勒等称为"虚伪的人道主义",还有从费尔巴哈的"博爱"进一步推演到提倡"慈悲"的叔本华与主张奴隶道德和主人道德的尼采,后者实际上已经是了反人道主义了。另外,周先生提出了一个没有来得及展开的话题:19世纪后半期,欧洲社会主义中的"多数仍讲新的人道主义和人性论","使人道主义与实际的人民反压迫反剥削的斗争,密切结合在一起",① 这是与讲台上的人道主义不同的另一种人道主义。

在"序言"的末尾,周先生写下了这样的一段意味深长的话:"20世纪的人性论和人道主义思想,实际上是19世纪的继续。不过,社会主义的人性论,人道主义,却更为壮大,影响也更广。这也是发展的必然趋势。苏联的斯大林,提倡集体主义,后来,他的对手便以人道主义来补其缺点。至于西欧的社会主义,几乎全都大讲特讲人道主义,这也可算是时代的特点。"② 这段话肯定了人道主义的诉求是20世纪的大趋势。

这篇序言,正如赵越胜所评价:"在'文革'前,黑云压城的严峻时刻,先生不趋时流,不批人道主义,而是条分缕析、娓娓道来,既摆明人道主义者的立场,也引马恩语录加以对照,表现出老一代学人中正平和、从真不从风的高贵品格。"③

---

① 《周辅成文集(卷Ⅱ)》,北京大学出版社2011年版,第74页。
② 同上,第76页。
③ 赵越胜选编,《问道者——周辅成文存》,中信出版社2012年版,第134页。

1982 年在人道主义讨论的高潮中写下、收入北京大学出版社
1983 年出版的《马克思主义与人》一书中的《论人和人的解放》，
以及发表在《世界历史》1984 年第 2 期上的《谈关于人道主义讨论
中的问题》，这两篇文章可以视为周先生在这场讨论中的现身。

前一篇文章的开篇就提出："现在，很多人都在直接地或者
通过'异化'的讨论间接地研究人性论和人道主义。这是令人发
生兴趣的学术趋向。"① 这里显然指的是这场大讨论。然而，从他
的文章题目就可以看出，他避开了当时争论的焦点——马克思主
义与人道主义的关系。显然，他无意介入意识形态意味的争论，
他的兴趣主要集中在学说史方面，所以开宗明义，说"人""人
道"这些问题不是近代才有的，更不是最近某一两个人新提出的
问题，并引用子产的"天道远，人道迩"和古希腊智者的话"人
是万事万物的准绳"作为佐证，说明自古以来就有"人道"和
"人性"的讨论。在西方，古代希腊和中世纪都有人性论，可见
他不是把"人性论"或"人道主义"作为一种特殊时代的思想派
别来看待的，而是当作一个古已有之的学术问题和学术思潮来看
待的。

后一篇文章谈到的第一个问题就是人道主义的译名。他鲜明
地表示，不赞成那种认为文艺复兴时期的 Humanism 不能译为人
道主义，只可译为人文主义的主张；也不赞成认为启蒙时期的
Humanitarism 和 Anthropologism 不能译为人道主义，只可译为仁

---

① 《周辅成文集（卷 Ⅱ）》，北京大学出版社 2011 年版，第 106 页。

慈主义和人本主义的观点；强调文艺复兴时期的新思潮确实有注重人文科学而不以圣经为中心的意思，但是这个理解"没有注意到这时期前后几百年整个欧洲的社会和思想界的大变化，没有从这长时期的时代精神来估价这新思潮"①。

至于费尔巴哈所用的 Anthropologism，并非其首创，康德就在 Anthropology 题目下大谈"人""人的品格""人生观"等人和社会问题，而且康德主张"人应该被看做是目的，而不应该被看做仅仅是手段"②，这早已被大家认为是一切人道主义的根本命题或基础。由此可见，人道主义与人本主义本是一脉相承的，用不着加以严格区别。周先生的结论是："总之，我仍赞成 Humanism 一辞，通译为人道主义，而且历史上一切以'人'为本的思潮，都可解释为人道主义思潮。"③

对于古已有之的人道主义，周先生是热情地加以肯定的。他强调："历史上的人道主义，不仅在文艺复兴时期是进步的，就是在自远古，从它的第一次诞生开始，它就是进步的思潮。"④

为了论证这一观点，他列举了古埃及、古希腊的例证加以说明。对于近代文艺复兴时期与启蒙时期的资产阶级人道主义，对其反封建的进步作用的论述与《言论选辑》中的"序言"相仿。但是，周先生做了一个非常重要的补充："大家似乎未想到当时

---

① 《周辅成文集（卷Ⅱ）》，北京大学出版社 2011 年版，第 155 页。
② 同上，第 156 页。
③ 同上，第 156—157 页。
④ 同上，第 157 页。

并没有无产阶级，这时所谓资产阶级，和今天的资产阶级大不一样。他们多半从一般平民、甚至从劳动人民中转化而来；它具有一定的人民性，……他们所处的'低贱'的或被压迫被剥削的社会地位，使他们不能不高叫'人的自由'、'人的尊严'、'人的价值'、'打倒旧礼教'（其实际对象是君主、贵族、教会）。而且，他们对于人类文化的贡献，有些也是永垂不朽的。马克思恩格斯就曾说过，文艺复兴时期艺术上的成就，后人是无法超过的。"①

在《论人和人的解放》一文中，关于近代西方人性论和人道主义，周先生还针对后来舆论界对人道主义批判中出现的一些观点，着重讨论了两个问题。

一是人道主义与利己主义的关系。他非常鲜明地指出："西方资产阶级理论家们，对人性论写了成千上万的著作，有人指责他们的人性论都是为自私自利作辩护，这是没有根据的话。"② 他以蒲伯（A. Pope）为例，说明"这种人性论，最重要的成就，是打垮了从中世纪基督教传来的人类原罪说"，"严格讲，宣传博爱、利他的基督教教义，才是真正的性恶论、利己主义"，"把人看成是一个天生的坏东西"；③ 而近代的人性论"虽然肯定人性难免不自私自利，但人类却可以用自己力量克服自私自利"④。此外，他还强调："在近代资产阶级看来，人的解放，就是一切诉诸人性，

① 《周辅成文集（卷Ⅱ）》，北京大学出版社 2011 年版，第 158 页。
② 同上，第 107 页。
③ 同上，第 108 页。
④ 同上。

让天赋的权利（包括个人自由、个人尊严、个人幸福等）得到充分发挥，在人性或人权受到摧残的地方，主张恢复人性，取得人权。""应该说，这种人论，在 18 世纪全欧洲，也还是起进步作用的思潮。"①

二是人道主义与社会主义的关系。这个问题是从 1789 年法国革命如何把启蒙时期的人论的缺点突出起来说起的。文章用了相当的篇幅来说明，这个时期的劳动人民是如何识破资产阶级所说的自由和解放的假面具，看出他们的人性论的缺点的。接下来，又进一步说明劳动人民是如何逐步联合起来的。首先是"公社"的组织，其次是秘密社团的作用。他引用了里斯（E. Nys）教授在《近代思想》一书中的话说："这些秘密社团的目的，在使国家从贵族与教士的压迫中得解放，其第一步是使农民、工人从农奴状态，强迫劳动和行会中得到解放。"② 然后，就是认识到了"'财产关系的变革，乃是不可避免的'，'穷人奋起革命，反对富人，乃是不可避免的历史的必然性'"③。于是，阶级论兴起，周先生认为"这是社会主义思想以前出现的劳动人民的思想，后来经过批判、继承、发展，成为社会主义思想的来源和组成的一部分。这段历史，不能被忽视，更不能被否定"④。这一论说是对《言论选辑》中"序言"的补充，也从一个侧面说明了在"序言"

---

① 《周辅成文集（卷 II ）》，北京大学出版社 2011 年版，第 109 页。
② 同上，第 115 页。
③ 同上，第 116 页。
④ 同上，第 117 页。

中未及展开的社会主义与近代的人性论、人道主义之间的批判继承关系以及其中不可割裂的历史连续性。然而，此文并没有展开曾经在《言论选辑》中允诺的对社会主义与人道主义关系史的系统梳理。

在此基础上，周先生针对过往讨论中提出的阶级论与人性论的关系，提出了自己的见解。对于主张从阶级论回到人性论的观点，周先生认为这只是"一家之言"，但是他又认为"我们说阶级论还不能丢掉，这并不意味着人性论不可以讲，的确有时可能还须独立地大讲"①。在论述这个问题的时候，就当时热议的"异化"问题，周先生也提出了自己的看法。他对黑格尔使用的"异化"概念并不以为然，用了黑格尔"所谓"的"异化"这样的字眼，这可能与他依然保留 1960 年代在梳理 19 世纪人道主义的时候对黑格尔学说的评价有关。在《言论选辑》的"序言"中，周先生曾经提到，康德、黑格尔等德国的启蒙思想家"都是法国 1793 年所谓'恐怖政治'的反对者。……起初还称赞 1789 年的法国革命"②。但是，激烈的斗争一展开，"他们不但因此对法国革命起反感，甚至连对自由、平等、以至卢梭的思想，也大加反对了。其中，尤其是黑格尔，甚至公开拥护普鲁士封建王朝，反对一切人道观念"③。

在涉及有些论者提出的社会主义社会中的异化问题时，他认

---

① 《周辅成文集（卷Ⅱ）》，北京大学出版社 2011 年版，第 120 页。

② 同上，第 71 页。

③ 同上。

为提出这一问题的人的心地是好的，但是觉得他们举出的例证如封建特权、个人独裁、公仆变成主人等，使自己对这种说法感到犹豫。周先生对这些现象有自己的解释。一方面，他认为，这种事实恰恰表明了"封建时代的阶级斗争要在社会主义社会中重演"[①]。另一方面，他认为，即使在社会主义社会，还有一个"维护劳动人民的阶级利益，防止走回头路的问题"，"有人利用无产阶级之名来搞法西斯，当然是应该大声反对的；这情况不论发生在过去或发生在现在或未来，都应该反对；但是，在这种情况下，我们自己不能因为有人利用劳动人民之名，我们便不为劳动人民的阶级利益讲话。……正如民主、自由，甚至个人主义（译为个性主义也许更为恰当），被资产阶级利用过，我们便抛弃不用，甚至斥为反动辞语，只怕也是错了"。[②]

接着这段议论，周先生在文章的最后声明："以上只是我一时的感想，不敢说是正确的意见，写出来，盼能得到高明者的指正。"[③]

时隔30年后再读这段文字，不禁使人感慨，周先生的见解确实不同于当时激辩的双方，相当独到，对于社会演进中可能发生的问题也颇具预见性。

至于要不要把人道主义作为今天的奋斗目标，周先生觉得"这是一个不小的问题"[④]，也可以说是一个政治的问题，而不是

---

① 《周辅成文集（卷Ⅱ）》，北京大学出版社2011年版，第119页。
② 同上，第120页。
③ 同上，第121页。
④ 同上，第158页。

学术的问题。他非常谨慎地表示了异议，认为"我们还应当坚持
'先是社会解放，然后是个人解放'这一观点"，"还有人想用旧
瓶装新酒，我看，恐怕也成问题"。①

　　这场人道主义大讨论结束之后，周先生对于人性和人道主义
的问题还在继续思考，留下的文字也许可以帮助我们解读他1980
年代那两篇文章背后的意蕴。

　　最集中讨论与人道主义相关问题的有两篇文章，一篇是1993
年为《人学大辞典》一书所作的序言——《关于西方"人学""人
论"的看法》，另一篇是刊登于1998年四川文艺出版社、四川人民
出版社出版的杂文集《自由交谈》第2辑中的《论人道主义和个人
主义——答客问》。

　　人道主义虽然被批判了，但"人学"兴起，有人组织编《人
学大辞典》，这也是中国思想界的一件奇事。据我的记忆，首倡
者是几位在人道主义大讨论中的批判者，却转身成为"人学"的
倡导者，组建了人学研究中心之类的机构，并且得到了大力支
持，其研究的重点大概就是批判西方的人学和人论。周先生的这
篇序言大概就是在这个背景下写出来的。

　　文章开宗明义，提出一个问题："人学"到底起始于何时？
这是一个思想史上的事实问题。谙熟中外思想史尤其是西方思想
史的周先生，观察的结论是："第一次世界大战后，西方以斯宾

---

① 《周辅成文集（卷Ⅱ）》，北京大学出版社2011年版，第159页。

格勒的《西方的衰落》一书开始，卷起了风起云涌地大谈文化的思潮；第二次世界大战后，西方又以存在主义的著作开始，大谈'人论'、'人学'，其著作铺天盖地。不仅在西方如此，在东方，如日本、中国、印度，亦均急起群追。"①

接下来，周先生用思想史的事实来加以佐证。论述的基本脉络如下：先说明"文化"问题和"人"的问题是"一个问题的两个方面"，"当然，在这两方面中，人是什么，却是第一个重要问题"。②梳理了对"人是什么"这一问题研究的历史演进后，周先生指出，人类对"自己是什么"这个问题的初步答案在古埃及人那里已经有了。古希腊人算是非常重视"人"或"人的研究"，创造了普罗米修斯这样的理想的人的典型。但是，哲学家总是要在人论之上加上宇宙论、知识论。所以，"形而上学或知识论，才是哲学根本问题"③。中世纪注重的是"上帝之学"，也特别注意本体和宇宙，是"用天学压倒了人学"④。近代之初曾经有过把"人"当作哲学的主题，出现了人道主义或人文主义之名，但由于重视自然科学，结果是"物学"压倒了"人学"。康德将压在人学头上的天学，即形而上学划为不可知的东西，存而不论，对人的智、情、意、信等分别做了分析，但是讲到总体的"人"时候，却苍白干枯。对于黑格尔，文章一方面对其《精神现象学》

---

① 《周辅成文集（卷Ⅱ）》，北京大学出版社2011年版，第368页。
② 同上。
③ 同上，第369页。
④ 同上。

用"精神"来综合地讲"整体的人"予以肯定，说这"提高了人的创造性才能与人格地位"①；另一方面指出，从俾斯麦到希特勒都开启了对黑格尔的误解，似乎黑格尔不重视人，只重视国家、集体。文章着重指出："两次世界大战，特别是法西斯掀起的第二次世界大战，在'国家至上'、'民族至上'、'领袖至上'的口号下，死了千千万万的无辜的人！新的文化论，新的'人'论，就是在对这大悲剧感到悲愤下发生的。新的'人'论作者，不少是亲自参加过、亲自看到过反法西斯战争的。"②

基于这一历史背景的分析，周先生对于新的人论给予了充分的肯定："新的人论、人学，是为'人'争独立人格、人的尊严与自由的理论；也是想要为'人'作一个综合的、完整的探讨的壮举，要让人明白，'人'是我们思想中最根本的问题。过去对于人的研究还不够，对人的重视和尊重还不够。所以，要为'人'而大叫大嚷。"③

文章的末尾，周先生提出了对待西方人论的态度："第一，是研究；第二，还是研究；第三，才是批判。"④他还强调，在缺乏研究的条件下，"我们对他们批判过多，未必有好处。以政治态度论，他们并不是凶恶的法西斯暴徒。我们还怕对他们批判过度或不恰当，将会变成替法西斯讲话，因为，他们的话，主要是

---

① 《周辅成文集（卷Ⅱ）》，北京大学出版社 2011 年版，第 370 页。
② 同上。
③ 同上，第 370—371 页。
④ 同上，第 371 页。

为了反对法西斯的理论。希特勒党的全名就是'德国国家社会主义党'。'法西斯'一词原义，乃是'社团'、'集体'"①。

《论人道主义和个人主义——答客问》写于1996年。文章用"请循其本"的概念史的考证方法切入主题。首先考证的是人道主义的观念。周先生指出，14—16世纪出现的势不可挡的平民（或民间）反对专制的潮流中，民间的先进人士不重天道而重人道，或是从事宗教改革，强调"天国或上帝，就在人的心中"，这也就是后来所说的文艺复兴和宗教改革。但是这场运动，最初并不曾标明是人道主义（Humanism），直到后期意大利人才用"人道主义"一词来专指这场反对专制的潮流。周先生还强调："现在，有些人把它解释成18、19世纪欧洲基督教保守派如沙甫慈伯利（Shaftesbury）等提倡的仁慈主义（Humanitarianism或译为慈善主义），抹煞其进步性，从而予以攻击，这是不正确的。"②

关于"个人主义"这一概念，周先生考证指出，在启蒙时代，卢梭等核心人物除了宣布自由、平等、博爱口号外，并未自称是什么主义，无人用"个人主义"一词。③首先采用这个词的是法国的托克维尔。他出于对法国大革命中的"暴民"和罗伯斯庇尔的仇视态度，"于是采用拉丁文Individualis或Individuum（==in+dividuum'原子'，拉丁文原无贬意）加上ism（主义），

---

① 《周辅成文集（卷Ⅱ）》，北京大学出版社2011年版，第371页。
② 同上，第469页。
③ 同上，第470页。

来形容英国、法国大革命中的平民（即第三等级）的行动与理论，从而把启蒙运动也看作是个人主义思潮，但不是尊重它，似乎是贬抑它"①。托克维尔指责个人主义会弃绝社会、削弱公德，最后会"沉落为纯粹的利己主义"②。由于这一见解适应了19世纪上半期欧洲大陆广大复辟派的心态，因而大为流行。总之，就"个人主义"这一词语的起源来说，是反对法国革命的保守派贬抑革命中的平民时所用的。

当然，词语一旦流行，立即就有两种或多种的解释与派别。即使在保守派思想家中，也有人（如卡莱尔、爱默生等）在正面、积极的意义上采用这个词。周先生强调指出："历史上却从来没有出现过一个真正的个人主义者或唯我主义者（Egoist），是'自私自利'的主张者。"③

那么，自19世纪后半期流传至今的个人主义，主要的主张是什么呢？周先生认为，"多半明白主张'整体依个体而得理解'、'一切社会生活的方式，都是其中的个人所创造，都只能被视为是达到个人目的的手段'。"④ 由于个人和国家、集体总是掺混难分，所以就需要看具体的情况。"从历史事实看，在一个平民比较有民主自由的社会中，若有人去讲集体主义、权威主义，一定是不合时宜的，不会有很多人附和；反之，若有人生活在国家

---

① 《周辅成文集（卷Ⅱ）》，北京大学出版社2011年版，第471页。
② 同上。
③ 同上，第471—472页。
④ 同上，第472页。

至上，民族至上，领袖至上的集权统治下，却去讲个人主义，一定会自讨没趣，甚至有被视为是'大逆不道'和'犯罪'的危险。"① 所以，看待个人主义要作具体分析，"首先要看它是针对何者而言"②，也就是说要看他所处的具体条件。历史上，"有贵族的、保守的个人主义，也有平民的、革命的个人主义。二者意义可能完全相反。我们万万不可望文生义，随意加以评判"③。

1998 年此文发表时，周先生又加了一段附言，对社会上流行的一种做法提出批评，指出："有人把个人主义和集体主义二辞的关系，解释成'私'与'公'的关系。恐怕欠妥当。"④ 其论证还是采用概念史的方法，用历史事实说明，产生于 19 世纪中叶的"集体主义"（Collectivism）是作为与"自由主义"（Liberalism）相对立的词语出现的。争论双方是当权的保守派和自由派，争论的中心是经济问题，即自由贸易还是保护主义争论，所以"集体主义"一词"与社会上从平民或工人间流传的社会主义思潮，并无直接关系"⑤。他还进一步指出，马克思、恩格斯从未提到过"集体主义"，更没有说过自己的社会主义就是集体主义。由此得出的结论是："如果要用集体主义来解释马克思的社会主义，恐怕只能算是某个人的意见，或在某时期、某场合的意见。但不是马克思本人的意见，更不能作为马克思主义的根

---

① 《周辅成文集（卷Ⅱ）》，北京大学出版社 2011 年版，第 472 页。
② 同上。
③ 同上。
④ 同上，第 473 页。
⑤ 同上。

本原理。"①

　　这两篇周先生晚年的文章，言简意赅，振聋发聩，也许可以帮助我们理解周先生在 1980 年代那场大争论中现身时所发表的言论的深意，从中也可窥见社会大变革时代里老一代学人在这场大争论中的真实心态。

　　本文原刊于《探索与争鸣》2014 年第 1 期，本次出版有修订。

---

① 《周辅成文集（卷Ⅱ）》，北京大学出版社 2011 年版，第 474 页。

胡绳同志印象记

——重读《关于哲学史研究》一文的心得

胡绳同志是老一辈马克思主义理论家，著作等身，名声显赫。上中学时，我读过胡绳同志的名著《帝国主义与中国政治》。大学期间，主持北大哲学系的汪子嵩先生请了许多名家来系里讲演，让我们领略大学者的风采，其中就有胡绳同志。我印象最深的是，胡绳同志的演讲逻辑极其严谨，丝丝入扣，没有一句多余的话，记下来就是一篇论文。那时给我们留下的印象就是，马克思主义理论家们，一个个风格各异、个性鲜明，对马克思主义都有自己从实践中领悟出的独特理解和解读，对实际情况的看法有独特的视角。

近来，我们北大哲学系五五级的一些同窗起意重编1957年1月在北京大学召开的"中国哲学史座谈会"的文集，为此重读了这次会议的集子，特别是胡绳同志对会议的总结——《关于哲学史研究》一文。重读的心得可以概括为：马克思主义者如何对待异质思维？

1957年的"中国哲学史座谈会"是在"百花齐放、百家争鸣"的方针提出不久召开的。会前，时任北大哲学系系主任的郑昕先生在《人民日报》上发表了《开放唯心主义》一文，坦陈中华人民共和国成立后他积极追求进步，努力学习马克思主义哲学，而以往信仰的唯心主义哲学又难以割舍。座谈会上，一些与郑先生有类似经历的老学者也表达了这种朱光潜先生所说的"思想两栖"的困境。同时，一些从事中国哲学史教学的学者也提出了教学中遇到的许多难题，其中最突出就是当时作为权威的苏联教科书把日丹诺夫所下的哲学史定义当作到处可以套用的公式。这个定义，一方面把哲学史归结为唯心唯物斗争的历史，另一方面又简单地将这一哲学观点上的分歧归结为政治上的进步与反动的分野。像冯友兰、贺麟等学贯中西、学养丰厚，原来又有自己体系的哲学大家，认为用这样一种方法无法解释中国哲学史上的许多现象。冯友兰先生据此还就中国哲学和文化的继承问题提出了"抽象继承法"。这些看法无疑引发了激烈的争论。会上有许多人认为他们的看法离开了马克思主义，对此提出了尖锐的批评。胡绳同志当时担任中共中央宣传部负责理论工作的要职，要对会议上的各种观点做出评述，既要坚持马克思主义又要贯彻"百家争鸣"的方针，实在是一件不容易的事情，但他的总结做到了，而且至今读来也令人受益匪浅。

《关于哲学史研究》一文一开始就高屋建瓴地提出，研究问题不能采取简单化的做法，根据某种一般原则，把"阶级的帽子"套在各种哲学思想的头上。以某些小册子中的粗糙定义为向导来研究哲学史是"十分有害的"，强调这种教条主义的简单化的方法，"表面上好像是维护马克思主义，实际上却是歪曲和离开了马克思主义"[1]。胡绳同志以马克思恩格斯对于作为与经济基

---

[1] 赵修义、张翼星等编：《守道1957：1957年中国哲学史座谈会实录与反思》，上海人民出版社2012年版，第439页。

础相距很远的上层建筑的哲学的特点、哲学演进与先前的思想资料的关系等规律性问题的论述为依据，批判了在哲学史研究中将历史唯物主义变成粗陋的经济决定论的做法，并在此基础上充分肯定了会上许多发言者反对教条主义、寻求克服教条主义的办法的积极意义。

胡绳同志作为一个马克思主义者，坚持辩证唯物主义和历史唯物主义，对一些在他看来不符合马克思主义的见解，比如不要区分唯心唯物，或者虽然要区分唯心唯物，但是最好不要判定唯物主义是正确的、唯心主义是错误的等看法，他都直截了当地提出了批评。对郑昕先生和贺麟先生的一些看法，他也提出了自己的不同观点。但与那些初学马克思主义的年轻人和喜欢采取简单划一做法的论者不同，他对这些问题都做了仔细的分析、说理。他说明了哲学史上的各种复杂情况，如哲学家自身在哲学思想上的矛盾，其哲学倾向与政治倾向之间的矛盾等，以及这些哲学家对于这些矛盾未必自觉，解决这些矛盾往往需要很长的时间，等等。这些分析入情入理，体现了学者之间平等对话、相互切磋的友善态度。

这一态度在对待冯友兰先生提出的"抽象继承法"上体现得更加突出。哲学传统的继承问题是这次座谈会讨论的一个重点，冯友兰先生做了多次发言，在听取了各种意见之后，不断地对自己的观点作出修正和补充。胡绳同志尽管不赞成冯友兰先生的观点，却实事求是地提出了一个值得认真思考的观点，他认为马克思主义哲学工作者在浸染着民族文化传统的社会生活中从事思想工作，必须回答本民族哲学史上提出的各种问题，善于继承本民族历史上一切优秀的传统，善于利用先人留下的思想资料。这在1950年代中期一味强调从苏联学来的哲学，并用日丹诺夫的定义批评中国传统哲学的氛围下，无疑具有振聋发聩之效。而对冯友兰先生的批评，胡绳同志诚恳地指出，冯先生设想的解决继承问题的办法，用的是一种"最省力的办法"，既没有解决如何抽象的问题，无法说明是从主观出发在头脑里做出抽象还是用科学的方法作出科学的抽象，也没有区分思想资料的继承还是哲学观点的继承。他还就冯先生所谈及的王夫之经过程朱继承张载等具体案例做出分析。

凡此等等，都体现出胡绳同志在这场难得的"百家争鸣"座谈会上采取的实事求是、平等待人、以理服人的态度。近来《人民日报》的评论提出，要以包容心对待社会的"异质思维"。要做到这一点，特别是哲学社会科学工作者要好好向胡绳同志这样的学养丰厚的马克思主义者学习，努力做到"以仁心说、以学心听、以公心辨"。

我所见到的于光远先生

于光远先生走了，听到这个噩耗，许多往事涌上心头。于先生的音容笑貌仍栩栩如生。

第一次见到于先生是在半个多世纪前。1956年，"双百方针"方针提出前后的那个春天，时任中宣部科学处处长的于先生多次在北大哲学系给学生演讲。听到他来演讲我们都非常高兴。我们高中用的政治课教科书就是他与其他两位合编的《社会科学基本知识讲座》，进入哲学系之后，必读的恩格斯《自然辩证法》一书也是于先生翻译的，对先生一直怀有崇敬之心。本以为这位身居高位的学问家一定会像以前见到的长者那样，非常严肃地做政治报告或是讲解那些艰深的哲学问题，然而，他未开口人先笑，然后才开讲。从时事政策到学术研究，于先生非常坦诚，推心置腹地与我们这些小年轻谈心，让我们敞开心灵，展开思想的翅膀。比如他在谈到学位制度的时候，就说现在我们效仿苏联，比博士低一级的叫作"副博士"，或许我们还可以用自己传统的名称——"进士"，有了进步还需要进步嘛。他还边讲边笑地给我们说自己如何避开杂务，专心思考，办法之一就是把办公室里的电话拔掉，给自己留一点思考空间和时间，不思考是做不好事情的。

于先生的演讲深受同学们的欢迎，他的平易、风趣和睿智给我们留下了终生难忘的印象。一听于先生要来，大家就欢呼雀跃，翘首以盼。我这个刚满18岁的娃娃正是从这些演讲中开始真正领悟思考的意蕴的。思考、不停地思考，大概是先生的一大乐趣，也是他特有的风格。1980年代末，他应清华时期的老同学冯契先生的邀请来华东师大哲学系演讲，讲的主题是对马克思关于个人所有制的论述的思考。尽管此时于先生年纪大了，声音也小了，但是风范依旧，依旧是未开口就呵呵地先笑了起来。演讲的内容已经记不清了，但他说自己经常思考，在火车上也不间断，想到什么随手就记下来，一趟行程，可以写下十来个问题。

于先生并不是那种哗众取宠的讲手，他发散思维的思考始终围绕的是国家大事和重大理论问题。他用娓娓道来的方式给我们传递的是重大的思考，风趣之中有原则，该严肃的时候还是相当严肃的。记得1957年，一天晚上，他在北大的临湖轩开过一次学生座谈会，听取同学们对公共政治课的反馈。当时有几位理科的同学对作为公共政治课的哲学课提出了许多批评，有的还涉及一些重大理论问题。于先生听了之后，一方面让我们哲学系的学生发表意见，另一方面就马上嘱咐工作人员把哲学系系主任郑昕先生请来，一起听取建议，研究问题。

改革开放之后，于先生集中思考的是经济学问题，所以常常被人冠以"经济学家"的头衔。然而于先生思考和论说的领域是十分宽广的，有人称他为"百科全书式的学者"，应该是名副其实的。就我从事的哲学领域来说，1956年"双百方针"提出后，于先生主持青岛遗传学会议，并在会上提出摘掉以前给摩尔根学派戴上的那顶唯心论的帽子。而且还强调，对于学术问题，应该让科学家自己讨论。此后他又热忱地支持了北京大学哲学系举办的那场在当代中国哲学演进史上起过重大作用的"中国哲学史座谈会"。

改革开放之后，于先生出任中国自然辩证法研究会理事长，创办杂志，大力推进了科学哲学的研究，这是大家共知的。我这里要说的是他对现代外国哲学研究的倡导和关注。1981年，成立不久的中国现代外国哲学研究会在西安召开第二次全国讨论会，时任中国社科院副院长的于先生原本打算出席，因故未能成行，他特地给会议写了一封长信。信的开头就表示：他每参加一次学术会议，都会增进有关这一学科的知识，了解这一学科的动态。但是这次会议他不得不请假，并对失去这次学习机会深表遗憾。在论说了现代外国哲学研究对坚持和发展马克思主义的重要意义之后，他提出还希望现代外国哲学的研究者回答一个问题：当代马克思主义面临的主要问题是什么？他期望与会者能够用一两千字的文字给他书面的回复。先生那份好学、谦虚、真诚的态度，跃然纸上，令人感怀。

长信的末尾，于先生建议组织力量编一本让不是专门研究这方面的人士能够看懂的、简明的、介绍现代世界哲学流派的读物。后来，他给总参谋部政治部宣传部编的《现代外国哲学思潮评论讲座》和《现代外国经济思潮评论讲座》专门写了序言。在论说现代化建设中了解外国的情况，包括外国的学术观点的重要性之后，他强调："在马克思主义发展过程中，仍有一个与其形成过程中相似的问题，那就是要从各个方面吸取有用的东西，作为自己发展的养料。当然，我们在任何时候都不能忘记批判的态度。我们必须反对两个'倒'：一个是简单地'骂倒'，还有一个是'拜倒'。"[①] "我们不能因为怕受错误思想的影响而把自己封锁起来，而只有研究它们，用批判的态度去对待它们，有了这样的态度去接触外国的各种思潮，我觉得就会有很大的好处。"[②] 这些论说在现代外国哲学研究刚刚起步的年代无疑是非常开明的，对这一学科的发展起了很大的推动作用。

斯人已去，风范长存。

---

① 总参谋部政治部宣传部编：《现代外国哲学思潮评论讲座》，军事译文出版社 1985 年版，"序"。
② 同上。

一位睿智的仁者

——怀念朱德生先生

朱德生先生走了，走得很平静，寿终正寝，正应了古人所说的"仁者寿"。

朱先生是一位仁者。1956 年，他在北大哲学系担任五五级外国哲学史的助教，为我们答疑解惑，他在我心目中的印象既是一位谦谦君子，又是善于启发学生的思想者。"文化大革命"结束之后，我受命教授现代西方哲学，与先生一起开会交流的机会多了，了解也日渐增多，深感先生是一位见解独到、经验丰富、充满智慧的思想者，还是一位向你敞开心扉的老师。

1982 年，中国现代外国哲学研究会在庐山举办了第三次全国讨论会。此次会议的基调是重视对现代西方哲学的批判，尤其是关于萨特存在主义的评价问题。分发的材料是《红旗》副总编熊复的讲话。与会的有一大批生面孔，后来知道，他们来自京城的各大报刊和出版社，地方上的编辑、记者、总编也不少。我同室的就是上海人民出版社的副总编。才气横溢、能言善辩的学会理事湘潭大学的王守昌，在前两次年会上非常活跃，这次尽管与会，却在讨论会上见不到他的身影。我所在的小组，第一天开会就有几位一个接一个拿着稿子批判，矛头指向萨特研究的专家柳鸣九，用词尖锐。另一个小组会上，《北京日报》的一位编辑指责不久前由人民出版社出版的刘放桐主编的《现代西方哲学》一书，质问为什么把"现代资产阶级哲学"这个概念改掉了。会场里火药味十足。有些与会者对这种情况感到不解，开会的时候，就去饱览庐山的美景，会场里的人越来越少。我和李步楼等几位老同学都感到非常困惑，又不愿逃会，于是就到朱先生房间里去请教。

面对这位和善的仁者，我们就敞开心胸，坦陈自己的不解。朱先生表示，推进现代外国哲学研究的健康发展，要站得高一些看问题，要把道理讲透。我们当然要以马克思主义为指导，但是要说清楚什么才是马克思主义的态度。我们要积极地想办法扭转会议的风气。他还让我们回去好好准备发言。

第二天晚间的一次大型讨论会上，朱先生做了非常精彩的发言。他强调，我们要从文明发展的高度来看待西方哲学研究，要用马克思主义的观点去分析现代西方哲学，目的是结合我们的实际发展马克思主义，做出积极的思想创造，使我们在思维领域处于世界领先的地位。为此，我们需要全面地总结现代理论思维发展中的经验教训，发现哲学思想发展的规律。总之，我们要在思想理论上对世界作出贡献，不能成天担心别人来影响我们，把自己封闭起来。其中一句让人难忘的话是："我们研究现代外国哲学，主要不是为了当消防队员，更不是为了当乞丐，而是为了做新世界的创造者。"许多与会者都点头赞许。他还非常郑重地把这些话写成文字，刊登在会议的简报上。后来，他的一些主张被吸收到会议的总结报告中。报告提出，要清醒地认识到，我们的研究工作还刚刚开始，要深入到各个流派思想的内部进行考察和研究，在此基础上才能进行内在的批判；也需要研究现代西方哲学发展的内在联系和内在规律，研究者需要"从自己研究的流派中杀出来"，这样才能做出有说服力的批判。

朱先生高屋建瓴的发言，成了我编写教材《现代西方哲学纲要》时的一个基本遵循：力求从总结理论思维的经验教训的角度，把握各个学派内在的思维逻辑，并从总体上探索哲学思维在近代之后演进的脉络。后来我与童世骏合作《马克思恩格斯同时代的西方哲学》，选题也是源于朱先生所强调的，我们研究西方哲学的目的是要发展马克思主义。可以说，我在西方哲学研究领域所做的工作，都得益于朱先生的启示。称先生为恩师，绝非虚言。

这次会议之后，我和朱先生交往日渐密切。我这个上海人可以听懂他浓重的常州口音，两人交谈特别顺畅，这也许是先生喜欢同我交谈的原因之一。除了在各种会议期间促膝长谈之外，凡有机会到北京，我总是要到中关村拜访他。好几次，我俩一起从成府路东门进入校园，沿着未名湖出西大门，到朗润园的餐厅品尝这位江南才子喜欢的清蒸鱼。我们边走边聊，无所不谈。谈哲学，谈时事，也谈我们那些老师、同学。北大哲学系在"文化大革命"期间元气大伤，一些老先生身心俱疲，年轻教师也停止了学术研究。打倒"四人帮"之后，朱先生被任命为哲学系的总支书记，他以仁厚之心，创造条件让教师们重新走上教学研究岗位，并为此付出了大量心血。先生连任两届总支书记，又做了一届系主任，在此期间，哲学系确实恢复了一些元气。

朱先生在这一历史转折的时段里，大量的精力不得不花在他后来对李登贵所说的"政工"上。

朱先生当了总支书记之后，组织学养丰厚的专家编资料，参加内部咨询。大量烦琐的行政事务占去了他很大一部分精力，使他常常难以进行持续的思考、学习和写作。长期失眠的他，往往只能在夜深人静的时候，躺在沙发上做他最有兴趣的事——读书。

朱先生在《燕园沉思》中写道："'文革'后我认定了史论结合的道路，以研究历史为手段，以理论探讨为目的。"其中的一个重点是"对以往以为理解了的问题，重新进行反思"。[①]这里面既有什么是哲学，哲学与政治、与意识形态、与科学的关系，哲学的阶级性，古今哲学的关系问题等对哲学本身的反思；也涉及具体的哲学原理，比如对思维与存在的关系能否等同于物质与精神的关系，到底该如何解读实践概念，该如何理解它与主客体之间的关系，辩证法与哲学基本问题之间到底有没有关联等问题的探讨。朱先生持之以恒地质疑过往普及中国几十年的、来自苏联教科书的"正统"哲学，并进行不懈反思。这些让朱先生常常会有一种孤独的感受，不时还会受到或明或暗的指责。我听朱先生讲述他对一些问题的思考时，常常既有同感，又很钦佩。比如，他曾提到：为什么容易陷入教条主义，是不是与把辩证法定义为自然社会思维发展的一般规律有关？又比如，他还提到：恰恰在政策脱离实际最严重的时候，正是反对唯心主义、提倡学习认识论的时候，这种二律背反与哲学原理自身的阐释没有关系了吗？

---

① 朱德生：《燕园沉思：未名湖畔哲学思考录》，中国青年出版社2000年版，第6页。

朱先生真诚地信仰马克思主义，又坚持独立思考。擅长思辨的朱先生所做的工作，对提高我们民族的理论思维能力极其重要，将会随着历史的演进越来越显示出其意义。

先生晚年在《燕园沉思》中对如何才能坚持独立思考做了精到的总结。他认为，独立思考包括对己、对人两个方面。对己，即勇于直面自己，要在刻苦学习的基础上追求真理，力求超过前人；同时也要善于反思自己，该忏悔的就要忏悔，这样才能在反复学习中，由不懂到懂，再由懂到不懂，循环往复，不断前进。对人，就是要勇于面对别人，尤其是在学术观点上反对自己的人，更重要的、更困难的是，不可"为尊者讳""为权者讳"。为此，朱先生专门写了一节"无畏的重点在不'为权者讳'"，强调要摆脱中国人潜意识中相当普遍存在的"学而优则仕，仕而优则学"（此处之"学"并非学习之"学"，而是学问之"学"。即官大了，学问也自然而然地大了）心态。否则，就会失去学者应有的独立人格，使自己手中的学术蜕变为权变之术。读到这些文字，不禁想起了恩格斯在《路德维希·费尔巴哈和德国古典哲学的终结》一书的结尾处所赞赏和倡导的"伟大理论兴趣"——"那种不管所得成果在实践上是否能实现，不管它是否违反警章都照样致力于纯粹科学研究的兴趣"，"在这里，对职位、牟利，对上司的恩典，没有任何考虑"。① 两相对照，足以显示，朱先生是一位受到马克思主义真传并真诚地身体力行的思想家。

---

① 《马克思恩格斯选集》第四卷，人民出版社1995年版，第258页。

　　古稀之年的朱先生，本着"反思和忏悔"的精神，出版了《燕园沉思》一书，对自己的哲学之路作了回顾。在后记中，他提出了一个独到的见解："对前贤的书本，任何人只要愿意并有决心都能打开，但社会这本大书却不是任何人想打开便能打得开的，要有机遇。这一代人既遭遇了不幸，也享受了特有的幸运。它不仅使我们读到了很多书本上读不到的东西，而且还在书本中发现了不少前人不可能发现的东西。如果今天再有人说，他是救世主，他是绝对真理的发现者，再也不可能唤起我们的神圣感，只会产生滑稽感了。"①

　　这段论说在社会认识论上乃一大突破。以往人们对于作为认识对象的"社会"，仅仅关注社会的变迁，很少注意社会本身有一个自己如何打开的问题，而社会本身何时打开又有待于合适的时机。在困惑多多的时节，此说能给人以信心，静候时机的来临。

　　睿智的朱先生，长期在西方哲学史教研室工作，也参与了多种西方哲学史教材的编著，人们往往以为他是一位哲学史研究者，其实不然，他思考的焦点始终是哲学原理本身，包括了对形而上学的洞见。

　　哲人已萎，哲思长存。他那本《燕园沉思》篇幅不大，但内容深邃。我一直放在手边，不时向他提问，同他对话，受益颇深。也许这就是对朱先生最好的纪念。如果先生地下有知，一定会发出会心的微笑。

---

① 朱德生：《燕园沉思：未名湖畔哲学思考录》，中国青年出版社 2000 年版，第 204—205 页。

难得的知己：红骡子

北京传来噩耗，师兄雷永生染疾不治，驾鹤西去。我扼腕痛心，多年往事涌心头。永生兄在微信上的名号自称为"知己"，铮铮铁骨又激情澎湃，魅力四射，吸引众多朋友视他为知己，他也以有诸多知己而洋洋自得。我和朱贻庭称得上是他名副其实的知己。

永生兄出身津门，人高马大，聪慧睿智，活脱脱一条北方大汉，字却写得娟秀。他在中学期间就被推举为校学生会主席，传闻还曾在天津市学联任过职。

想当年我们刚入学，年少气盛，不知天高地厚，却意气风发，指点江山。永生兄所在的寝室成了同道交流的中心。他参与由党员教师指导编印的小报——《五月》的编辑工作，发文同"百花学社"谭天荣等对垒辩论。此间，我俩成了无话不谈的知己。

想不到在1958年"双反"（反浪费反保守）运动期间，从生物系转学过来的孙同学带领一批同学开始发难，贴出小字报将《五月》同仁扣上了"漏网右派"的帽子，十来位参与《五月》的同学受了处分，我和永生兄都在名单上。8月末，哲学系全体到大兴县劳动锻炼。此间，身高相近的我俩经常同抬一副土筐，顽皮的同学给我俩起了一个绰号——红骡子白马。永生兄即使受了处分，依然故我。下乡前，毛主席发布抗击美帝的声明之后，永生兄与冒从虎等同学一起化妆参加长安街上的大游行，走过天安门。1959年新中国成立十周年庆典，我系同学与清华学生一起组成民兵方队，每周都要去清华园操练。身高差不多的永生兄、冒从虎和我排在最右侧，扛着马克沁重机枪，为接受检阅做准备。

1960年春，毕业前夕的我们又要下厂劳动，我和永生兄一起去了具有光荣历史的长辛店"二七"机车厂，我在总装车间，他在翻砂车间。我俩班次相同，同住一个宿舍，目睹大师傅们的高超技艺。那时修的都是伤痕累累的旧机车，找准伤痕就是一件难事。马师傅有本事，只要火车头开出去转一圈，听声音就可以发现问题所在。宁师傅的绝招是，车架上的毛病，用喷枪烧红后，抡起大锤，三下五除二，立马矫正。

劳动结束后，我们返回学校，那时已感受到粮食供应相当困难了。食堂供应的不是发不起来的荞麦馒头，就是需要慢慢细嚼的高粱米，都是需要长时间烹煮的。荤菜吃的是大草原上的黄羊，据说还是周总理为保证学生的营养，特地派部队去猎获的。

是年的毕业分配等待了很长时间。揭晓后，老雷留在北大外国哲学教研室当教师。此后他又去了河北大学，随校辗转于天津、保定、石家庄等地。我则回家乡，在华东师大任教。我们虽相隔两地，但心还是有一点灵犀。动荡之时，我们又开始读马列原著，永生兄将他撰写的《费尔巴哈和德国古典哲学的终结·导读》的铅印本寄给我。永生兄出差来沪，我、朱贻庭和他三人在十平方的斗室轻声谈心，身居"上海老窝"的老朱和我听他述说京中之事。

　　"文化大革命"结束后，永生兄出任北京市社科院哲学所所长，组织了许多研究课题，像研究皮亚杰等。后来为解决住房问题，永生兄调往中央团校——中国青年政治学院，先后担任图书馆馆长等职务，还成立了东方研究所，依托这些平台有声有色地开展了许多思想性、学术性很强的活动。永生兄颇有领导风范，又有组织能力。他不仅经常邀请京城思想界的名家，头脑风暴；还组织编译"西方人道主义思想史"丛书，并翻译了别尔嘉耶夫的著作。

　　永生兄学养丰厚，马哲史、西哲史都是强项，而且一直关注思想界的动向。恰如朱德生先生所说的"两耳关注天下事，一心只读圣贤书"。永生兄一生挚爱讲台，八旬高龄还一直坚持给学生上课，讲马恩原著，讲西方哲学史。我曾对他说，讲课是半体力劳动，不能太累。他喜滋滋地说，讲课乃一大乐事。

现代西方哲学研究在新中国的曲折

——专访华东师大哲学系教授赵修义

在今年①8月8日《杜威全集》中文版发布会上，面对38本译著，刘放桐先生感慨现代西方哲学研究在新中国的曲折坎坷。8月底，记者因"文汇讲堂"要做冯契纪念专场，便前往浙江诸暨寻访冯契先生的故乡，恰与华东师大哲学系退休教授赵修义同行，便向他提起这个问题，得知其亲历了1950年代以后现代西方哲学研究在中国的跌宕起伏。

嗣后，记者独家采访了赵修义教授，他以见证者的身份，详述了现代西方哲学研究从1950年代被"打入冷宫"到1985年后全面复苏的详细过程。

1950年代初，一边倒：苏联哲学界的定论成为批判以实用主义为首的西方现代哲学的指南

1920年代的中国，曾有过几次西学大家来华的热潮。

1919年4月30日，美国实用主义哲学家杜威夫妇来华，一待就是27个月。1920年10月12日，比杜威小13岁的英国分析哲学家罗素来到中国，两人在北京结下深厚友谊。被誉为20世纪哲学中"孪生兄弟"的两位西方哲学家和1924年来华的印度

---

① 指2015年。

文豪泰戈尔一样，给中国精英、思想界带来了极大的影响。

赵修义接触到这段历史，是因为杜威的名字和实用主义一起被批判。赵修义回忆，1954 年 10 月到次年 2 月，一场全国性的批判俞平伯《〈红楼梦〉研究》运动展开，李希凡、蓝翎对《〈红楼梦〉研究》的批评，是反对"胡适派资产阶级唯心论"的斗争，而胡适师承哥伦比亚大学博士生导师、1952 年去世的哲学家杜威。

但是，如何深刻地批判杜威的思想呢？自然需要另一种理论的高度。赵修义回忆，当时借助的是被奉为经典的、压倒一切的苏联式马克思主义理论。

1930 年代至 1950 年代，我们是从苏联学的马克思主义哲学。尽管中国哲学家做了不少马克思主义中国化的努力，但在 1950 年代初，全国都处于学习苏联的热潮中，苏联式马克思主义哲学就成了标准。赵修义还清楚地记得，1950 年代，一大批苏联专家来到中国，他们成了新中国培养新一代理论工作者的导师。这一代学人都听过苏联专家的课，读的教材也是亚历山大罗夫的《辩证唯物主义》、康斯坦丁诺夫的《历史唯物主义》等。

赵修义告诉记者，1955 年他进入北大哲学系，上"辩证唯物主义"课的时候，老师就让他们去买一本莫斯科大学的教学大纲，用得最多的工具书就是苏联哲学界权威罗森塔尔和尤金院士编写的《简明哲学辞典》（以下简称《辞典》）。尤金当时任驻华大使，可以经常见到中国国家领导人，名声很响。《辞典》本身言简意赅、收词全面，广泛涉猎马克思主义哲学的原著、原理和基本范畴，也有西方哲学史上的代表人物、命题和概念。这本如宝典般的《辞典》不仅陪伴了赵修义这样的专业学者多年，也成为社会上喜好哲学的学生、知识分子和干部的普及读物，1960年代、1970年代数度重印，影响遍及整个思想界。

但是，这本《辞典》有深刻的苏式教条主义烙印，它不仅把斯大林的某些观点绝对化，也把马克思主义的哲学简单化和庸俗化。比如，《辞典》把偶然性说成是"科学的敌人"，将主客体这一对范畴完全等同于人和外部事物，把马恩列一些丰富的思想当作黑格尔哲学的残余加以否定。《辞典》对于西方哲学的态度则尤为极端。赵修义介绍，其中最为突出的就是所谓的"日丹诺夫定义"。1948年去世的日丹诺夫，曾是苏联主管意识形态的最高领导人，他曾代表斯大林和苏共中央批判亚历山大罗夫编的《西欧哲学史》，并定下了这样的基调：哲学史就是唯物主义和唯心主义斗争的历史。他不加分析地将一切唯心主义宣布为反动理论，全然抛弃了列宁的唯心主义是"人类认识这棵活生生的树上一朵不结果实的花"[①]的论断。当时的论断是，黑格尔和整个德国古典哲学都是"贵族对18世纪法国唯物主义和法国革命的一种反动"，柏拉图是"唯物主义和科学的死敌"。

在日丹诺夫的定调下，对待现代西方哲学的态度就出现了一些在今人看来不可思议的结果，即全盘否定。赵修义举例，比

[①]《列宁全集》第36卷，人民出版社1959年版，第371页。

如对数理逻辑和分析哲学作出重大贡献的罗素，一个和平主义者，被称为"好战的帝国主义的思想家"，逻辑实证主义被认为是"帝国主义腐朽时期堕落的资产阶级哲学的一种典型的主观主义形式"；胡塞尔的现象学成了资产阶级思想体系日趋堕落腐朽的典型产物。

赵修义特别提到，这些论断和苏联在 1940 年代末 1950 年代初发动的"反对世界主义"运动密切相关。当时，苏联对思想战线上没有祖国观念的世界主义小集团给予了严厉抨击，认为这是否定苏维埃文化的伟大成就，贬低和忽视俄罗斯民族和她创造的先进科学、文学和艺术的卓越作用。赵修义还说，这本《辞典》专写了一条"世界主义"，却没有收入 20 世纪的大哲学家维特斯根坦、胡塞尔、海德格尔的条目；语言分析、逻辑分析、价值学、社会学不是被当作唯心主义的专利品而不予研究，就是被斥为"和科学毫无共同之处的伪科学"。

在那个年代，刘放桐看到的"将一切不好的东西归结为实用主义"，比他小四岁的赵修义感同身受。1954 年至 1955 年，全国范围内发动了批判杜威实用主义及其中国追随者的运动。为肃清"胡适的幽灵"以及"杜威实用主义流毒的来源"，一共出版了超过 300 万字的各种著述。在辨析了其背后一层层的理论依据后，赵修义对记者说："那个年代，哲学被当作了政治运动来批判，西方哲学史只肯定为数不多的唯物主义者，而现代西方哲学思想更是被视为洪水猛兽。"

1956—1957 年，短暂的松动：中国哲学史大讨论中的些许声音及冯定"一体两翼"的保全

1956 年，中共中央提出了"百花齐放、百家争鸣"的方针，学术界迎来了短暂的春天。

是年，北大哲学系主任郑昕先生在《人民日报》发表了《开放唯心主义》一文，系里也开始准备相应的课程。此后，郑昕先生给北大哲学系的学生们开课讲授康德的《纯粹理性批判》，洪谦先生做了马赫哲学的讲演。

赵修义清楚地记得，1957 年初，他在读的北大哲学系发生了两件重要的事情。一件是冯定同志来北大哲学系。冯定以 1946年出版《平凡的真理》一书介绍马克思主义哲学而广为大众知晓。他 1927 年至 1930 年在莫斯科中山大学学习哲学，是资深的马克思主义理论家。中华人民共和国成立后，冯定出任中央党校一分院院长。赵修义记得有一次去临湖轩冯定的住所找他，"想不到他家大院里有一位卫士在进门看不见的地方，突然走出来，身材魁梧，身上还配着枪，着实吓了我一跳"，可见级别之高。冯定到北大不久，就在哲学系提出了一个鲜明的主张——"一体两翼"，即以马克思主义哲学为体，以中国和西方哲学史为两翼。"这样的观点很好地保护了西方哲学这门学科。"赵修义感慨道。斯大林去世之后，苏联哲学界重新审视列宁的《哲学笔记》。在《哲学笔记》中，列宁对黑格尔的思想给予了高度的评价，这使得中国人在学习和研究西方哲学史时，为黑格尔留下了一扇小门。

另一件重要的事是，1957年初，北大哲学系发起了"中国哲学史座谈会"。这次会议的实录和反思由赵修义和张星翼两位当时的北大哲学系本科生整理为《守道1957》，在2012年出版。虽然会议名为"中国哲学史座谈会"，但是真正的主题是当时中国哲学界质疑日丹诺夫定义的苏联式的马克思主义哲学史观。会议发起者、主持北大哲学系工作的汪子嵩先生高度评价了这次会议。冯友兰、贺麟、金岳霖等一批原本有自己哲学体系的大家坦陈自己的见解，马克思主义学者胡绳、潘梓年、于光远、艾思奇等也积极参与，其他领域的资深学者如朱谦之、朱光潜、金克木等都参与争辩。"有风云之气，但仍守道"，在该书前言里，赵修义借徐梵澄形容贺麟先生之语，描绘了当时学界前辈的境遇和心情。"守道"的方式各不相同。在会上，维也纳学派唯一的中国成员、北大外国哲学史教研室主任洪谦先生发表了"谈谈学习西方哲学史的问题"演讲，他说："在我看来，要想避免在哲学史学习中再产生这样不良的效果，最好我们不要简单地按照唯物主义或唯心主义的差别，而要按照哲学史中影响不同和大小不同的各种哲学派别和哲学家的标准，来制定学习哲学史的重点。"[1] 他主张要了解唯心主义发展的具体历史，并结合社会历史背景学习、运用马克思主义观点来学习西方哲学史。会后，洪谦先生主持了六卷西方哲学史资料的编译，还主编了《西方现代资产阶级哲学论著选辑》。这些资料选编的问世，哺育了几代学子。

---

[1] 赵修义，张翼星等编：《守道1957：1957年中国哲学史座谈会实录与反思》，上海人民出版社2012年版，第83页。

随后的 1960 年代，全国一片反对修正主义之声。1963 年秋，周扬主持中科院哲学社会科学学部会议，他称为了搞清修正主义和现当代西方哲学的关系，必须出版一批"了解敌情"的书。于是，一批内部发行的白皮书、绿皮书随之出版。赵修义从书架上取下了"资产阶级哲学资料选辑"中的第九辑，正是杜威的《确定性的寻求》，1966 年由上海人民出版社出版。9 月的阳光下，他又翻出包着报纸书皮的"西方学术译丛"中的杜威的《人的问题》。在往事回忆中，赵修义也仿佛回到当年向洪谦先生求教的时光。他翻开 1982 年商务印书馆重印的《西方现代资产阶级哲学论著选辑》，指着洪谦先生所写的再版序言，对记者说："这个序言里明确说，1960 年代的文科教材选读本，重印时就不再更改，当时介绍了 19 世纪中叶以来影响最大的四个流派：实用主义、逻辑实证论、存在主义和新托马斯主义。"在此基础上，改革开放之后，洪先生又主编了厚厚两卷的《现代西方哲学论著选辑》。

1970 年代，"批陈整风"提出要批判"先验论"，西方哲学史研究重新浮出水面。邓小平主持工作后，西方哲学史研究有了转机。赵越胜在《燃灯者》一书中生动地描写过当年北大的周辅成教授到工厂给他们授课的场景。一些新的教材随之问世。其中，1965 年成立的安徽劳动大学组织了一批西方哲学史学者主编教材《西欧近代哲学史》，并于 1974 年由商务印书馆出版，影响不小。社会上也开始学习西方哲学史。

这个时期为西方哲学包括现代西方哲学研究的复苏保留了火

种，为以后的拨乱反正打下了基础。但总体而言，赵修义认为，日丹诺夫等带来的苏联教条主义思想对中国客观了解西方哲学所造成的禁锢是"冰冻三尺，非一日之寒"。

1979 年 11 月，太原会议：思想解放的阳光和方法论讨论——突破障碍的会议

改革开放后，波澜壮阔的思想解放运动终于给西方哲学研究带来了勃勃生机。最初的突破是 1978 年在芜湖召开的外国哲学史讨论会，会议的一大成果就是直截了当地否定了"日丹诺夫定义"，这个紧箍咒终于由中国学者自己动手摘除了。

接下来就是几乎与理论思想工作务虚会同步召开的 1979 年 11 月的太原会议。在赵修义看来，这既是一次思想解放的会议，又是西方现代哲学作为一门学科开始"合法化"的宣示。

已经被华东师大政教系安排从教授马克思主义哲学转为教授现代西方哲学的赵修义，至今还记得太原会议规模之大、参加人员之多、规格之高。会议在山西省委招待所——迎泽宾馆召开。那是两座宏大的建筑，一座是五六十年代建成的具有苏式风格的多层宾馆，房间很大，天花板非常高；另一座是簇新的洋楼，好像比国际饭店还高。会议很正式，副省长到会致辞，印发会议简报。除了工作人员之外，有 192 位学者云集一堂。业界前辈洪谦（北大哲学系教授、北京哲学学会会长）、张世英（北大教授、黑格尔研究专家）、汝信（中国社科院哲学所所长）等均出席。会议的直接成果是正式成立了由杜任之（中国社科院现代外国哲学

研究室主任）为会长的中国现代外国哲学研究会。令大家兴奋的是，会议和研究会的名称不再是现代资产阶级哲学，"这标志着重新建设这个学科的开始"。赵修义说。

赵修义拿出36年前的活页笔记本，活页纸用麻绳线钉在一起，大概有30页，里面字迹工整地记录了当时会议的发言概要。或许是这样的会议对困惑已久的学者如同久旱逢甘霖，笔记本里依稀跳动着那些年轻而兴奋的心，闪动着一双双睁大的眼睛。

会议开始，是洪谦和汝信的发言，大意是根据"实践是检验真理的唯一标准"这一原则，要肃清林彪、"四人帮"对外国哲学研究的伤害，研究如何用马克思主义方法对西方现代哲学做出客观、充分的评价。

会议发言大体可分两类。一类是对当今外国哲学演进概况的介绍分析。比如，汝信谈了访问联邦德国哲学界的情况，查汝强介绍了国外自然科学的哲学，张世英分析了新黑格尔主义学派，罗克汀讲了现象学，徐崇温介绍了西方马克思主义，刘放桐谈了美国的存在主义，北大的陈启伟还介绍了苏联哲学研究的进展，等等。另一类则专注于方法论问题——如何用马克思主义哲学来指导、评判现代西方哲学。

赵修义点评，现代外国哲学学科的确立并不意味着放弃对其意识形态意蕴的警惕，许多人的发言都讲到这一点。会议还产生了一些"副产品"，人民出版社知名的女强人袁淑娟组织了刘放桐《现代外国哲学》书稿，上海人民出版社和商务印书馆还分别约了夏基松和车铭洲、王守昌写相关教材。

"这是一个突破障碍的会议。"赵修义给出了第三次评价。

1981 年 10 月，西安会议：潘晓来信的讨论与萨特的去世——存在主义的评价问题凸显

两年后，即 1981 年，中国现代外国哲学研究会第二次全国讨论会召开。这一次是在古城西安，同上次一样也是在省委招待所——陕西丈八沟宾馆。那是一个园林式的大院子，里面还有许多别墅，规格依旧很高。原来准备与会的中国社科院副院长于光远先生临时有事脱不了身，特地致信祝贺。在信中论说了现代外国哲学研究对于坚持和发展马克思主义的重要意义之后，他还提出希望现代外国哲学的研究者回答一个问题：当代马克思主义面临的主要问题是什么？他期望与会者能够用一两千字给他书面回复。

赵修义回忆，这次研究哲学史的学者少了，参加者多为现代西方哲学教师和研究人员，人数也减少一些。会议议题聚焦在"现代外国哲学中人与人道主义问题"的讨论，同时也展开了对现代外国科学哲学的介绍和评价。如何看待西方现代哲学依然是方法论讨论的重点。

为什么人道主义，尤其是萨特的哲学成为讨论焦点呢？在赵修义看来，这并不仅仅是西方哲学研究界的兴趣，更有相当广泛的社会基础。他认为，这同潘晓来信在全国范围引起的热烈讨论和法国哲学家萨特突然逝世相关。1980 年初，《中国青年》刊登了署名为潘晓的读者来信，信中发出的呼喊"人生的路为何越走越窄"，从而引发了"主观为自己、客观为他人"等话题的全社会

大讨论。"对潘晓来信讨论的意义怎么评价也不为过,它是 1980 年代中国思想界的大事件。"赵修义评论道,"这场得到高层支持的全国性大讨论"中,存在主义凸显出来了。

后来成为武汉大学哲学系教授的赵林,当时曾以知青的身份写了赞成萨特观点的文章。恰巧,这一年萨特去世了。这位对中国非常友好的哲学家、大文豪的逝世在中国掀起了不小的波澜。赵修义还记得,1950 年代,他们在未名湖畔碰见郭沫若带着一位身材瘦小的外宾参观,第二天看报纸才知道,这位外宾就是萨特。"当时萨特并不出名。"到了 1980 年代,萨特已经成了名人。文艺界率先将他的剧本《肮脏的手》在上海美琪大戏院公演。那些"文化大革命"后上学的大学生纷纷前往观看。记者曾采访过的童世骏等都提及了此剧带来的巨大震动。"我当时也跟学生一起去看了。"赵修义告诉记者。此后一些文艺刊物上发表了萨特的著名文章《存在主义是一种人道主义》的译文,一时间广为流传。

赵修义给记者提供的会议简报显示,西安会议收到了 38 篇论文和资料,既有对萨特和海德格尔、韦伯及马克思主义中的人道主义和异化的深度讨论,也有对奎因、皮尔士、波普尔等当代哲学派别和观点的深入辨析,主题发言也均围绕这些内容热烈展开。

"这是一次比较中性的会议,逐步在回归学术的讨论,但对西方马克思主义异化理论的争议也开始了。"

1982 年 9 月，庐山会议：反弹中继续提出很多重要问题

山重水复疑无路。1982 年 7 月 17 日，《红旗》杂志副总编熊复特地组织召开了一次外国哲学的座谈会，宣布要用述评方式"批判现代西方资产阶级的理论和学说"。在两个月后召开的中国现代外国哲学研究会第三次全国讨论会上，"我的感觉是，对西方现代哲学的否定又开始了"。赵修义给记者讲述了几则小故事。

这一次，中央媒体、各地的报纸和出版社也来了好多人，有的人在会上还非常活跃。赵修义的房间下面住的就是《红旗》的编辑闫长贵，每天晚上讲话的声音都很大，而且搞得很晚，大概就是在争论批判文章怎么写。这一猜测，会后赵修义与刘放桐先生一同坐轮船东归的时候，得到他的证实。有的人还发出了一些让学界震惊的言论。比如，京城某报的编辑就点名批评刘放桐主编的出版不久的教材，质问为什么书名用《现代西方哲学》，不用《现代西方资产阶级哲学》。为此，该书责任编辑袁淑娟做了有力的辩护，还专门写成文字登上了"简报"。

另一个故事与王守昌教授有关。王守昌教授 1961 年毕业于复旦大学，较早在山东大学开设了"现代西方哲学"的课程，并编有讲义。研究会成立时，王守昌教授就当选为理事。这次会议时，他已到湘潭大学哲学系任教。王守昌教授比较推崇萨特，口才极好。"萨特热"的时候，江西省委宣传部曾邀请他为江西大学生演讲，影响不凡。然而，这次会议上，王教授却没有发言。会议期间，时任学会副秘书长的沈少周每天都和赵修义散步。沈

少周是赵修义的老师，他俩也谈得来，他把前因后果告诉了赵修义，还叹息道："这次我的任务，除了编好'简报'及时送到山下九江印刷之外，就是做守昌的思想工作，让他在会上不要发声音。"尽管王守昌教授能言善辩又性格倔强，除了散发一篇与学生合写的文稿（学生署名在先）之外，与会者确实没有听到他的声音，会上会下都没有。

　　还有几位老先生的故事。令赵修义感到吃惊的是亚里士多德研究专家苗力田教授的发言。"苗公说，在认识论方面，唯理论在康德、黑格尔那里，经验论在洛克那里，都已经发挥得淋漓尽致，走到头了。"在此基础上，赵修义谈了自己的看法，认为现代西方哲学确实抓住了古典哲学走到终结引发的一些东西，提出了下意识、社会意识（烦恼、恐惧）和意志的作用等新问题。此言经苗公认可后登上了"简报"。与此不同的是，熊伟先生却情绪低落。刚过 70 岁的熊先生是海德格尔的门生，对昔日的老师是很感怀的。西安会议上，熊先生做了名为"海德格尔的盖棺论定"的报告，发表时把题目改为"海德格尔是个哲学家"，其寓意就是不要纠缠于海德格尔与纳粹关系的那段历史，还是要把他看作一个有独创性的思想深邃的哲学家。此次会议上，空气凝重，火药味十足，矛头所指就是存在主义。熊先生只是介绍了他赴德国和美国开会的情况，特别提到在德国哥廷根举办的哲学家哈特曼百岁诞辰纪念会上，哈特曼夫人问起曾是他同窗的亚里士多德研究专家陈康教授。熊先生到美国后与陈康通了电话，得知陈已经卧床不起了。令熊先生感怀的是，当年两人同为哈特曼门生，学成后又一度共事。后来陈康赴普林斯顿大学，成果斐然；而自己仅翻译了一部分海氏著作。在芝加哥，他参加了第16届北美海德格尔学会年会，还成为北美海德格尔学会的八名名誉会员之一。此情此景，不免令熊先生黯然神伤。"好几天我都陪着熊先生在宾馆前面的芦林湖边散步、聊天，倾听他诉说心中的郁结。"赵修义尽着弟子之礼，但内心同样困惑。

至于中青年学者的看法，分歧不小。比如在一次分组会上，上海社科院的几位同仁不但大批萨特，还指责萨特研究专家柳鸣九以及刊发肯定萨特文章的《书林》杂志。赵修义有点坐不住了，担心此类发言一旦形成"简报"上送，对一个杂志和学者会造成伤害，便说："柳鸣九还是当面同他讨论吧，我们只谈萨特。""至于杂志，学界有不同看法，自然会登各种文章，这是正常的事情。"

尽管会议气氛凝重，但许多人还是心中有数的。有些同行就到处游玩，不参与那些火药味浓重的会议。最后一次讨论，时任北大哲学系党总支书记的朱德生先生在会上发出了这样的声音："我们研究现代外国哲学，主要不是为了当消防队员，更不是为了当乞丐，而是为了做新世界的创造者。"这位昔日的老师说出了许多人的心声，也被记载到了"简报"中，让赵修义在33年后还记得清楚无误。

"简报"对六天交流的总结中也提到："随着研究的深入，人们已经不满足于原来的认识，不满足于'对外国哲学简单的否定，要注意其合理性’的说法，而是要求‘从自己所研究的流派中杀出去’。”当然，“简报”也强调了要落实中共十二大精神，捍卫和发展马克思主义哲学，推进社会主义精神文明建设。尽管如此，1982 年的庐山会议还是给很多人带来了困惑。对于这次会议，赵修义始终不能忘怀，否定的氛围也激发了他的深度思考。33 年后，他对记者说：“通过长时段的历史来看，庐山会议提出了很多重要的问题。”这些问题一直延续在他以后的西方哲学研究和教学中。

（1）1848 年后，即马克思主义哲学诞生之后，西方现代哲学还有没有学术价值？

（2）是否需要将西方哲学史与现代哲学联系在一起？全面了解西方哲学后，再做评论。

（3）究竟怎样看待马克思主义哲学与马恩同时代的以及以后的西方哲学的关系？研究西方哲学对于发展马克思主义有没有意义？

（4）哲学与政治的关系究竟如何？对哲学家的哲学观点与哲学家个人政治立场的复杂关系，如何分析？如何看待哲学家以及他的学术研究的政治影响？比如，萨特在哲学上是存在主义者，政治上是左派，是同情共产主义运动的，对中国也是非常友好的。

（5）现代外国哲学的学术研究与社会意识形态的引导到底是什么关系？中国发生的社会思潮变化与现代西方哲学影响到底是怎样的关系？

也正是带着庐山会议留下的疑问，赵修义萌发了写作《马克思恩格斯同时代的西方哲学——以问题为中心的断代哲学史》一书的想法，此书后来在国家社科基金唯一一次评奖中获得了优秀著作三等奖及多个省部级奖励。

1985 年，贵阳会议：进入学术讨论氛围，海学和萨学谁更有学术性

中国现代外国哲学研究会第四次全国讨论会是等了三个年头才召开的，这一次，"'文化大革命'后新毕业的研究生成了参会的主力军，会议争论得最热闹的是研究海德格尔有学问，还是研究萨特有学问"。漫长的回忆也掀开了愉悦的章节，赵修义的语气轻快起来。

赵修义以自己的例子来说明这次会议的变化。当时，主持会议的车铭洲请他第一个发言，主题是"现代西方哲学与马克思主义哲学的同时代性"，这也是赵修义在庐山会议后认真思考哲学问题的一个切入点。"但是，反应冷淡。看来这个问题被搁置了，很多人认为没有意义。后来我才明白，只有我这样从学马克思主义转到学西方哲学的人才会思考这个问题。"赵修义揶揄了自己的深思。

但是，变化确实在发生。当时，邓小平刚提出"面向现代化、面向未来、面向世界"，"走向未来丛书"的出版给思想界吹来新风，托夫勒的《第三次浪潮》等书籍盘亘在这些研究生毕业的青年学者中，张汝伦等青年学者争得面红耳赤的是"海学和萨

学，何者更具有学术性"？后来，不少研究马克思主义的青年学者也不约而同走上了"海马"（海德格尔式的马克思主义）之路。

"这次会议标志着西方现代哲学的研究终于回归了它应有的学术地位。"赵修义说，这从一些小事也可以看出。会议的地点不再是省委的招待所，而是借了部队的招待所。地处闹市，窗外就是市场。官方的"简报"也不再编印，地方的官员也不来致辞了。会场上尽管也交锋激烈，但争的都是学术问题。鉴于此，学会新产生的理事会决定，以后就不开这样大规模的会议了，改为对具体专题做深入研究和讨论的专题会议。赵修义记得以后的几次全国会议，就分别讨论了分析哲学、实用主义、解释学等。刘放桐的那篇具有里程碑意义的为杜威和实用主义辩诬的《重新评估实用主义哲学》，就是在 1988 年成都召开的"全国实用主义学术研讨会"上宣读的。

从 1950 年代开始受冤屈、背上"大黑锅"的西方现代哲学，一波三折，终于在 30 年后自由生长了。然而，西方哲学的研究、传播，以及与中国意识形态的关系依然是有待破解的难题。

本文原发于《文汇·读书》2015 年 10 月 26 日，http://www.whb.cn/zhuzhan/dushu/20151026/40679.html，本次出版有修订。

华东师大外国哲学学科的发展之路

华东师大外国哲学学科从 1960 年代首次开设到 1970 年代扩大发展，从政教系的"两门课"到哲学系硕士点、博士点的设立，稳步向前发展，饱含着老中青三代教师的积极投入和艰苦奋斗，取得了多方面的成果。

1960 年代，徐怀启教授第一次在政教系开设了"西方哲学史"课程，应鹤声做助教。徐先生对欧洲古代、中世纪、文艺复兴时期哲学非常熟悉，对新托马斯主义等现代西方哲学也有研究，讲课生动有趣，常常把许多哲学概念的拉丁文、希腊文、英文的含义交代得清清楚楚，把许多哲学家哲学思想的来龙去脉分析得明明白白，对学生很有吸引力。但由于当时的社会原因，"西方哲学史"课不到一学年就停掉了。

"文化大革命"结束后，徐先生开设了"基督教史"课程，"西方哲学史"课就由应鹤声和上海社科院的欧力同执教。1978 年，叶立煊和我也开始执教这门课，欧力同就不再兼任。从 1980 年开始，"西方哲学史"分成"欧洲哲学史"和"现代西方哲学"两门课，由叶立煊、应鹤声教授"欧洲哲学史"，我教授"现代西方哲学"。哲学教研室也分化出中外哲学史教研室，并在外国哲学史教研室内成立了"西方哲学史"教学小组。不久，应鹤声去英国访学，教研室吸收了两位青年教师，但不久就一个出国进修一个离开。所以，到 1986 年哲学系成立前，"西方哲学史"的两门课实际上是我和叶立煊、应鹤声三个人在上。

叶立煊为"欧洲哲学史"课程努力耕耘

1962 年，叶立煊于中国人民大学哲学研究班毕业，曾任中华全国外国哲学史学会理事、全国高等师范院校西方哲学史教学研究会理事长、华东师大政教系副系主任。1978 年，他自告奋勇从讲授"辩证唯物主义和历史唯物主义"转为讲授"欧洲哲学史"。究其原因，一是兴趣。1971 年，他和工农兵学员一起编选"知识才能是先天就有还是后天才有"以及"英雄还是奴隶们创造历史"的资料，接触一批西方哲学著作，并向学生讲解，于是对这个领域有了兴趣。二是扩大知识面的愿望。他想探索马克思主义哲学与马克思以前的哲学的关系，到哲学的海洋里去吸取养料。

刚开始投入"欧洲哲学史"教学时，叶老师感到困难很大。虽然读书时，他在中国人民大学听过西方哲学名师贺麟、苗力田教授的欧哲史，但只知道一点皮毛，没有钻研过西方哲学家的原著，现在要投入哲学史大海，要深入浅出地介绍几十位西方哲学大师的哲学思想，把握西方哲学思想发展的规律，谈何容易！所以，他首先抓学习和备课。他一方面努力钻研北大、人大编的西哲史教材和北大编的《西方哲学原著选读》，脱产到中央党校学习黑格尔的《小逻辑》（由张世英教授主讲），听西方哲史专家姜丕之讲授康德的《未来形而上学导论》、黑格尔的《小逻辑》《精神现象学》，参加复旦大学哲学系全增嘏主编的《西方哲学史》

教材审稿会，以增厚专业知识；另一方面向任教于复旦大学的老乡陈京璇教授和任教于上海师范大学的老同学卢良梅请教，旁听他们的课，还请这两位老师到系里作示范教学，学习他们的教学经验。1980年，他走上1977级同学的讲台，边学边干，把"欧洲哲学史"课上了一遍。当时他最注意把各版本教材和原著选读对照，看教材是否符合原著思想，结果发现人大编的欧哲史教材对柏拉图辩证法的介绍不准确。他撰写了《如何理解柏拉图的"辩证法"》一文，刊登在《华东师范大学学报（哲学社会科学版）》1982年第3期上，这也是教学的一大收获。

虽然他此时的授课并不完善，但同学们对这门课兴趣很大，他们不满足于课堂教学，主动增加课外阅读。一些同学还自发组成了欧哲史课外阅读小组，其中有李莉、童世骏等，请他指导。恰好卢良梅和他正在筹划编写《哲学原理发展概述》一书，他请阅读小组的五位同学一起承担"辩证法和形而上学概念的演变""关于对立统一思想的发展""关于量变质变思想的发展""关于否定之否定思想的发展"等四章的写作。要论述这些哲学范畴和原理以及从古希腊到马克思、列宁两千多年的演变，需要看很多原著，虽然辛苦，但这个过程使他们得到了很大的锻炼和提高。1981年，这五位同学本科毕业，考取了复旦大学哲学系和华东师大政教系研究生。现在他们都成了哲学家，在学术和工作上都取得了很大的成就。此后，他又请1978级两位同学参与写作《关于阶级和阶级斗争学说的发展》《关于人民群众和个人作用学说的发展》；请1979级同学一起写作《柏拉图学园派的演变》，发表在《华东师范大学学报（哲学社会科学版）》1985年第3期上；同时还合写了《欧洲思想史上生产力和生产关系学说的演变》《主体和客体学说的演变》两篇文章，原计划在《哲学原理发展概述》修订版上用，后来修订版未能出版，没有用上，但收获很大。叶老师在教学和与学生合作编书过程中，不自觉地遵循了冯契教授所推崇的孔子教育理念：师生要相互爱和信任，使教学相长。

叶老师和卢良梅共同发起编写《哲学原理发展概述》时，主要考虑把西哲史和哲学原理联结起来，为学习哲学原理的师生提供源流参考，也是探索西方哲学历史发展的一个途径。该书1982年、1983年出版了上下两册，受到学术界的肯定和欢迎。中国社科院哲学所王树人评价该书，从哲学史的角度，对马克思主义哲学的基本范畴和原理作了比较系统的考察，这种从不同哲学学科的联结上所进行研究，无论对于马克思主义哲学原理，还是对于外国哲学史，都有参考价值，是值得提倡的。浙大教授庞学铨也说，这本书"开辟了外国哲学史研究的新角度"，"对哲学原理和外国哲史的教学与研究，都有参考价值"。[1]

叶老师思量，若要提高这门课的教学质量，必须编写适合师范院校用的西哲史教材和教学参考资料。但本单位的力量不够，其他师范院校的情况也是如此，只有依靠师范院校间的合作才能实现。为此，必须建立师范院校西哲史合作组织。1983年，中华

---

[1] 庞学铨：《开辟外国哲学史研究的新角度——读〈哲学原理发展概述〉》，《福建论坛（文史哲版）》1985年第1期，第17页。

全国外国哲学史学会在呼和浩特召开年会，他和相关师范院校的同仁一起协商，成立全国高等师范院校西哲史教学研究会，把大家组织起来。1984年10月中旬，经华东师大副校长郭豫适批准，在华东师大地理馆333教室，召开了全国高等师范院校西方哲学史教学研究会成立大会，有40多所师范院校的54位老师出席，选举产生了13位理事，叶老师被推选为理事长，北师大杨寿堪、安徽师大文秉模为副理事长。会议决定做两件事：一是组织大家编教材和教学参考资料，二是培训师资（后在宁波、烟台办了两期培训班）。

当时部分师范院校正在搭建几个教材编写组，要编出适合不同学校和专业需要的多元化教材。北师大政教系正在筹建《欧洲哲学史教程》编写组，邀请叶立煊参加，并执笔"中世纪经院哲学"一节。1986年春，叶老师参加国家教委在武汉大学召开的哲学类教材和科研"七五"规划会议，力争把《欧洲哲学史教程》纳入规划（同时为我校拿到"十九世纪西方哲学"和"十九世纪俄国哲学"两个课题）。《欧洲哲学史教程》1989年由福建人民出版社出版第二版时，叶立煊担任了主编之一，该书于1992年获国家教委优秀教材二等奖。

叶老师还思量，学生学习这门课不仅要学习教材，而且要学习《欧洲哲学史教程》中涉及的原著才能学得踏实，也可检验教材的准确性。于是他和安徽师大等校老师发起组织《西方哲学名著介绍》编写组，有22所师范院校的30多位老师参加，介绍了34本名著，分上下两册，于1988年、1989年由华东师大出版社出版。这在当时可以说是先行一步。叶老师执笔了卢梭的《论人类不平等的起源和基础》，童世骏执笔了斯宾塞的《社会学研究》，另一教师执笔了孔德的《实证哲学教程》和叔本华的《作为意志和表象的世界》。

为使师生能够运用马列主义的观点分析、评价西方哲学思想，叶老师还和一些师范院校合编《马克思恩格斯列宁斯大林论欧洲哲学史》，约27万字；同时合编了《欧洲哲学史原著选编》，约50万字，叶老师承担"古希腊罗马哲学"和"中世纪经院哲学"两个部分，还请1980届一位同学一起编写。在选编"中世纪经院哲学"资料时，没有找到托马斯·阿奎那《神学大全》一书，于是叶老师写信请中国社科院哲学所研究员付乐安协助选译一部分内容。付乐安非常认真负责地把译文寄来，为这本原著选编提供了丰富的资料。为保证编选资料的准确性，叶老师把"古希腊罗马哲学"和"中世纪经院哲学"的选编内容寄给北大哲学系外国哲学史教研室的老师审核（他们已出版了《西方哲学原著选读》），经他们审核后寄回来才定稿。

1992年，教育部组织编写统编教材《现代西方哲学评介》，供师范院校政教系使用，邀请叶老师参加编写并担任副主编。叶老师执笔了"意志主义"一章，参加了部分书稿审稿，进展顺利。该书由高等教育出版社于1994年出版。

除了编写教材和参考资料之外，叶老师还注意邀请外国哲学史专家来校讲学，以增加师生的专业知识，提高本学科的学术水平。1979年，叶老师通过系和学校聘请德国古典哲学专家姜丕之先生来系里做兼职教授，打算以他为带头人开招外国哲学史研究生并给师生讲授德国古典哲学。招研究生的事未能通过。姜丕之先生给师生通俗地讲授了康德的《未来形而上学导论》与黑格尔的《小逻辑》《精神现象学》《法哲学原理》等著作，印发了讲稿，对大家有不少启发。为配合讲课，叶老师还编印了关于康德哲学一些问题的探讨、关于德国古典哲学的学术动态等资料，让大家思考学术界提出的问题。1986年，叶老师聘请了外国哲学大师苗力田教授高质量地讲授康德的伦理哲学，主要介绍《道德形而上学原理》。当时苗老已60多岁，讲课只写几个标题，没有讲稿，却能条理清楚、深入浅出地讲解两三个小时，为我们树立了榜样。我们印发了他的讲课记录稿，至今还很有用。

此外，叶老师还在为社会服务上做了两件事：

一是参与筹备和编写《外国哲学史辞典》。在冯契先生主编《哲学大辞典》之前，上海辞书出版社牵头筹编《外国哲学史辞典》，由出版社老杨召集上海社科院哲学所朱庆祚、复旦哲学系陈京璇和叶老师开会，成立辞典筹备组，决定分四步走：第一步，拟定条目；第二步，请少数人试写，确定体例样章；第三步，全面启动编写工作；第四步，成立编委会，对条目进行删补调整，审稿，定稿。叶老师参加了前面三个阶段，倾注了大量时间和精力。他执笔了85个词条，做了很大贡献。该书最后由复旦大学尹大贻教授拍板定稿，于1991年出版。

二是上海有关部门组织编写《哲学社会科学争鸣大系》，请叶老师编写黑格尔哲学和费尔巴哈哲学的争鸣概况。他如期完成任务。该书于 1990 年出版。

1980 年代，在校、系领导和教研室同事的共同努力下，"欧洲哲学史"的课程建设有了较快进展：稳定地开了课程，编了教材和参考资料，发表了一些文章，培养了一批学生，请校外专家来校"供氧"，送教师出外进修提高，为社会做了一些服务，取得了一定成果，因此在高等师范院校里有一定的影响。遗憾的是，年轻教师的选拔和培养不够，好在哲学系成立后迅速补充了新鲜血液，使外国哲学史学科的建设更上一层楼。

赵修义为"现代西方哲学"课程积极献身

我跨入外国哲学领域要从与时任政教系系主任林远的一次谈话说起。1978 年的某一天，系里通知我晚上到林主任家里去。进门之后寒暄几句，林主任就开门见山地说，教育部决定政教系都要开设"现代西方哲学"课程，他同哲学教研室主任丁祯彦在从武汉回来的船上商定，由我来承担这个课程。我一下子就蒙了。那时我刚刚结束中学教材组的工作回到哲学教研室，本来想做马哲史。教材组原来的负责人吴铎还在争取把我留在教材教法教研室。我从高中开始学的就是俄语，要教西方哲学还要从头学英语，所以向林主任表示，我难以胜任。林主任就很不高兴，说了两次"我们已经决定了，你就不要说了"。我知道老主任的脾气，他严肃起来还是很有威势的。两天之后，我去向老主任表态接受任务，但提出了一个要求，即给我点时间学英语、学专业，老主任也很爽快地应允了。

此后，我到南京大学教育部主办的进修班学习，在夏基松先生的门下，开始寻求入门之道，逐渐有了一点信心。但徐怀启先生的离世又像一盆冷水从头灌下，本来可以依托的老师，就这么说走就走了，真有点像萨特所说的"前无支撑，后无依托"的感觉。

1980年的秋季开学，我被"赶鸭子上架"，给1977级哲学班的同学开设"现代西方哲学"课。这门课程原名为"西方现代资产阶级哲学"，1979年太原会议上更名为"现代西方哲学"，成为哲学专业的基干课程之一。教学计划给的课时是四加二（连续两个学期），涵盖许多哲学流派，分量很重。尽管在进修期间我已经准备了一部分教案，但是相当部分还是要边教学边写，所以我的几乎全部精力都用在备课上。当时还没有教材，只能编印一些阅读资料给学生参考。每次登台之前，我总要先静思如何既把书面文字的讲稿化为比较生动易懂的口头语言，又要让学生比较准确地记录下来。学生的学习热情给了我非常大的鼓舞。记得那时是在临时搭建起来的大教室里上课，大雨天，雨滴打在石棉瓦的屋顶上，声音很大，而我却没有那么大的嗓门，同学们听课非常吃力。可是课堂上同学们还是那么专注，课后总还有一些同学留下来，提出各种各样的问题同我讨论。从交流中，我发现来听课的还有其他系科的同学。这对一个教书匠来说，无疑是强度极大的兴奋剂。登上这个神圣的讲台是一件幸事，做一个受学生欢迎的教书匠更是乐事！

系里为培养学生也是费尽了心思，专门为学生聘请了英语功底极佳的陈增贻老先生为喜好外国哲学的学生增开英语课程，对这些学生的帮助极大，聪慧的学子已经可以直接阅读英文原著了。1977 级学生中，有许多阅历丰富且经受过多种锻炼、能力超强的骨干，颇有悟性。有一次，我抽查了一部分同学的听课笔记（当时学生的求知欲望很盛，我担心的不是学生是否认真听讲，而是我的讲授是否便于他们做笔录，以便复习迎考。同时，我很想看看我在课堂上的临场发挥留给学生的印象是否恰当）。没有想到的是，有的学生笔记记得非常好，条理清晰，逻辑推演的部分一步不落，重要的案例或是图表也记得非常清楚。我还借了钱越明同学的笔记本以备自己在假期里修改讲稿之用。考试时，我出了一道附加题，请学生对课程进行评价，特别强调提出改进的意见。我既受到学生的鼓励，也感谢他们的坦诚，有些尖锐的批评给了我许多启示。

那个时候的师生关系密切，交流频繁又坦诚，除了课堂之上，校园里的马路上也可以站立着交流许久。我那个十平方米的斗室也经常有学生来访，切磋学问，交流思想。记得我上存在主义课的时候，正好兴起了"萨特热"，上演萨特的名剧《肮脏的手》，同学们邀我一起去剧院观剧。看到同学们兴奋地边看边点评剧情和剧中的各个角色，提出了许多他们从未想过的问题，我颇受启发。有一次，一位历史系的同学在课后直截了当地问我："您信不信萨特？我信。"我一时失语。回来一想，觉得自己尽管也在不断思考如何评析和看待各色各样的现代思潮，但是大部分的时间还是花在厘清基本的知识和学说体系上，触及自己心灵深处的东西不多。同时，我也感受到，这一代的学生是带着自己对社会对人生的深入思考来求学的，他们不是背着麻袋来背那些书本知识的；他们不是把哲学看作某种有用的知识，而是当作探索世界、社会、人生的途径来学习哲学的。面对这些怀抱追求真理之心的学生，我不禁肃然起敬，也感受到作为教师身上的责任。所以，对教学就更加增添了一份敬畏之心。每次上课我都要修改讲稿，反复斟酌。有的时候还在课堂上录音，课后再听一遍，找找问题，以作改进。

说到科研，那个时候我们刚刚开始入门，主要精力都放在教学上，所谓的研究主要还是结合教学编写具有自己特色的教材。由于我校的哲学专业当时还附属于政教系，交往的圈子集中于师范院校，加上我们的人手实在有限，所以现代西方哲学教材的编写是与其他师范院校合作的。好在我们是牵头单位，编出的《现代西方哲学纲要》也有自己的特色，为不少师范院校采用。

我当时做了一件比较大的事情，就是参与冯契先生主持的《哲学大辞典》条目的编撰。《哲学大辞典》是一项庞大的工程，上海哲学界的同仁几乎都参与了。我有能力承担的就是外国哲学分卷的一部分条目，所占篇幅不大，但却是一件很费工夫的事情。冯先生在一开始就说，编撰大辞典的重要目的之一就是锻炼队伍，夯实基础。以后的工作也印证了冯先生这句话。记得当时出版社的一位资深编辑老杨一再同我们讲，辞典最重要的是严谨客观，文字要简练，千万不能出硬伤。看到老杨的样稿，密密麻麻写下了批语和提疑。比如人物的生卒年份，老杨列出一些著名的工具书上的不同写法，要求作出进一步的核实；还有一些概念，老杨把英、俄、日等语种的工具书上的表述一一列出，提出问题，要求复核，并希望提出自己论述的理由和依据。这就是现在说的学术规范，自然也让我增添了一份对学术的敬畏。

论文和专著的写作则是比较迟一点的事情。冯契先生在一次教师会上告诫我们，像哲学史这样的学科，想要写出像样的论文来，没有学术的积累，没有三五年的工夫是难以做到的。大家对此也心存敬畏，不敢造次。我将备课时遇到的问题存在心中，行有余力时便将这些问题逐步厘清，收集资料，寻求答案，若有心得，则化为文字，积少成多。

另外，我们都是教授辩证唯物主义与历史唯物主义出身的，西方哲学思想和马克思主义哲学之间的关系是萦绕在心头挥之不去的问题。1950年代我在北大念书时，冯定同志提出的"一体两翼"（马克思主义哲学是体，中外两门哲学史是两翼）常留我心头，我总认为外国哲学教学与研究是要为马克思主义哲学的教学与研究服务。我在南京大学进修的时候，苏联学者写的《辩证唯物主义诸问题与现代资产阶级哲学》一书引起我很大的兴趣。书中将辩证唯物主义体系中的主要问题与现代西方哲学主要流派在这些问题上的观点一一对照，尽管有些简单化的毛病，但对于教授和学习马克思主义哲学的读者来说还是会有启发的。于是，我向当时南大的俄语辅导教师推荐，组织进修班的学员将其译成中文。后来夏基松先生请我校对并联系出版，我用了近两年的时间，并在老同事王天厚的帮助下，将此书核定成稿，由上海人民出版社出版。

中国现代外国哲学研究会成立之初的几次会议，就马克思主义与现代西方哲学的关系、马克思主义者研究西方哲学的方法论问题，进行过非常激烈的争辩。当时有些人对现代外国哲学和以"萨特热"为代表的西方文化热进行了强势的批判，而屡屡经历了激辩的我，把思考的焦点就聚焦到这一绕不过去的问题上来。无论是在编写《现代西方哲学纲要》的时候，在对尼采、柏格森等人的个案研究中，还是在写作《教育与现代西方思潮》的过程中，萦绕在心头的就是这一难题。我逐渐发现，把现代西方哲学家的一些观点与辩证唯物主义、历史唯物主义的观点做简单的对照是无法回答这一问题的，还是要从马克思所说的"哲学是时代精神的集中体现"这一论断出发，从哲学与时代的关系入手，从源头上厘清两者的关系。中国现代外国哲学研究会第四次全国讨论会在贵阳召开的时候，我带去《现代西方哲学与马克思主义哲学的同时代性》一文，被邀请在开幕会上宣读。这次大会上，一大批青年学者成了会议的主力，他们更加关心西方各哲学流派及其代表人物的学术观点，如海德格尔与萨特的关系等；一批访学归来的学者也带回了许多新的信息与观念。我所关注的问题应者寥寥，也没有引起什么讨论。然而，国家社科基金支持了我的"十九世纪西方哲学"课题研究，我与童世骏等两位青年教师合作，埋头进行"马克思恩格斯同时代的西方哲学"的研究，研究成果形成专著于1994年出版，1995年获国家教委哲学社会科学优秀成果二等奖。

　　还有一件值得一提的事，我校与外国哲学相关的原版书籍收藏丰富且全面，许多外国哲学的研究者常来我校觅宝借阅，这都要归功于徐怀启先生。他在忙于教学工作之外，兼任了图书采编委员会的工作，凭借丰厚的学养和独到的眼光，花费了许多的精力，从旧书店里淘到许多宝贝，还订阅了《哲学论文索引》（我校所存是全上海最完整的）等权威性的外文杂志。徐先生去世之后，这件事情就落到我们这一代人身上了。在徐先生追悼会上，冯契先生说，徐先生限于环境，许多学问没有传人，他为后人做的功德无量的事情就是采集外文哲学原版书。我也是一个爱书者，对这类事情很有兴趣，于是就接过徐先生的班。此后，我也常常去跑外文书店，为图书馆和资料室采集了一些好书。意想不到的是，1980 年代初，有两笔专款下达，一笔是世界银行的贷款，另外一笔是财政部的专项资金。数额在当时十分惊人，学校仅仅在文理科之间进行了分配，文科的经费就由各学科自己支配。我向冯先生汇报之后，冯先生十分高兴，要我尽量把最有价值的书采购回来，主要的哲学家和哲学流派的代表作要尽可能配齐，并应允让他的研究生帮我一起工作。那一段时间，我天天泡在图书馆，查阅海量的图书广告和目录。幸好得到图书馆采编部山顺明先生大力配合并给予专业的指导，尤其是教会我使用 *Book in Print* 这本最重要的工具书，在那里可以按照人名找到世界市场上可以买到的经典著作，省去了很多时间。徐汝庄、马钦荣、童世骏等都出力不少。后来书连续寄来，哲学专业的图书非常多，采编部门来不及分类编目，我们还一起到图书馆帮忙。大笔专款使用结束之后，随着开放的扩大，国外学校又送来一批又一批赠书。这些图书，图书馆来不及做编目，我们又经常到图书馆去挑选，把最有价值的选出来先编目入库，以便可以早日借阅。看着外国哲学的藏书不断地丰富，在感念开放政策的同时，我的心中也充满喜悦。

1986年，哲学系成立，外国哲学学科的发展进入新的阶段，哲学系自己培养的年轻一代快速成长，还有了引进人才的机会。哲学系初期工作的重点放在课程建设上，除了完成学校提出的基干课程建设的要求外，还开始为其他的硕士点开设相关的课程。在教学的各个环节，包括学年论文和毕业论文的指导答辩等，都有严格的要求。系里还为青年教师努力争取出国深造的机会。1987年学校文科出国留学总共有三个名额，哲学系就争取到了两个。这些都为后来打开国际学术交流局面奠定了基础，也为外国哲学硕士点的创建创造了条件。世纪之交，哲学系终于如愿建立了硕士点，后又申请到了博士点。

一代人有一代人的处境，一代人有一代人的使命，一代人也有一代人的局限。以上回顾，展现了外国哲学学科在华东师大哲学系建系前后艰难发展的历程，反映了我校外国哲学学科老一代人的成功和局限，以期新一代人在新的历史条件下继承上一代人的事业，更好地完成老一代人未完成的使本学科兴盛发展的使命。

华东师大哲学系初创时期往事杂忆

华东师大哲学系建系是在 1986 年 11 月。学校派人在地理馆一楼的一间小教室里宣布此事，同时宣布了系里的领导班子。时任校党委宣传处处长的张天飞出任系主任。想不到的是，学校宣布让我担任副系主任。由于无人事先和我说过此事，因此我只能毫无准备地仓促上阵。好在系主任张天飞是我熟悉的，我初来学校任教时做的就是张天飞的助教，合作得比较愉快。班子里还有兼任哲学所所长的丁祯彦，他是我的老领导，我刚到师大时他就是教研室的党支部书记，他还指导过我的进修业务。还有一位是兼任办公室主任的陈思鸣，精明能干，很有亲和力，在老政教系做过多年，熟悉行政事务，大家都称他"老太"。整个班子有一股子一定要把哲学系办好的劲头。

华东师大老政教系包含的学科很多，"文化大革命"之后设立了多个硕士、博士学科点，哲学学科既有博士点也有好几个硕士点，从这个角度看是比较大的学科；学科点里有冯契先生那样的著名专家领衔，所以单独建系的呼声很高。1970 年代末，我们哲学教研室就制订了一个长远的发展规划，记得当时曾乐山先生就说要争取达到领先水平。但是学校出于某种考虑，先成立了经济系，哲学则成立了一个只有虚名而无实体的哲学所。从内心讲，我和其他几位同仁希望哲学系也能单独成立，可以集中力量把哲学学科发展起来。

哲学系独立建系之初，步履艰难。班子第一次开会，张天飞就告诉大家，学校并没有对如何分割原有的资源作出决定，让时任校教务处处长的吴铎同志协调。我一听就觉得事情棘手。我同吴铎在中学教材组共事五六年，深知他的个性。他待人和善，工作极其勤奋努力，把大家团结得很好；但遇到棘手问题时，办法不多。有一天教务员小红哭着喊着说，到政教系去拿空白试卷被拒绝了，说是一张也不给。后来就因为此件小事，吴铎主持了一次协调会，主要协商一下经费和互帮互助，结果可以想象，无实质性成果。

身无分文，无法做事，张天飞只好向主管财务的副校长项立嵩借了4000元来维持运转，等待第二年的学校拨款。至于教职工的奖金、课时费等，一时无处着落，"哲学贫困"成了实实在在的东西了。出于种种原因，原来哲学教研室的有些同仁在这时陆续离开了。

哲学系建系开局遇到的就是这样的一个场景，这也反过来促使我们更加团结，齐心合力要把系办好。当时大家想得比较多的就是如何发挥好自己的优势。一个是学科的优势，尽力把学生教好，把科研搞好；一个是青年教师的优势，尽力为青年教师的成长创造条件。

起初的分工，我的职责是负责教学管理和学生工作（学生的政治思想工作按惯例由党总支副书记负责），但这也是整个班子大家齐心合力来做的事情。对此，我们学生工作能够做到的第一条就是关心学生。记得建系不久，一位一年级罗姓的学生在运动场摔跤骨折，办公室得知情况之后，陈思鸣回到家里就煮了骨头汤，亲自送到学生宿舍。毕业班教育实习的时候，我们一个学校一个学校地去看望教师和学生。至今我还记得，丁祯彦同我一起去松江的情景。他比较富态，路走多了会吃力，但是还是坚持要去最远的实习点松江看望学生。同学们见到他特别高兴。老丁易饿，回来的时候，在长途汽车站排队等车，饥肠辘辘，周边也没有什么吃食可买。老丁就一次一次地说：××好吃，到了上海我请你吃。对于教学，我们做的第一件事情就是一个年级一个年级去了解情况、听课，找学生和班主任谈话，对1986级新生还尝试了逐个面试的办法。了解的结果令我大吃一惊。由于种种原因，学风上问题不少。有的学生在宿舍里打麻将，同学之间争风吃醋等乱七八糟的事情层出不穷。有的学生干部忙于讨好领导，不好好学习，还想方设法对付教师。老老实实读书的学生反倒不被看好。所以，一段时间里，系里就集中力气来整顿学风。其中最难最棘手的事情，就是如何教育处理实习期间让同学代自己上课的一位学生干部。此事争议很大，幸好当时还在主管教育实习的政教系教材教法教研室主任杜东亮的态度坚决，在他的支持下，我们做出了给予不及格的决定。学校教务处对我们的严格管理予以肯定。此事使我在学生中留下了"恶名"，但对于学风的改善确实起了积极的作用。时任教务处副处长的王铁仙教授在全校组织了基干课程建设，每个专业选定五六门基干课程，要求大纲、教材等配套，上课也有严格的要求。借此东风，我们认真落实了这项工作，教学水平有了很大的提高。

对于学生的教育和关心还有一件事值得一说。那就是组织同学远赴山东东营胜利油田进行实践活动。1986年，学校组织学生到生产一线实践，接受工农兵的教育。教务处为了鼓励各系，特设了专项经费。但是，应者寥寥。我们觉得这是一个机会，就着手申请。这时蒋申华老师自告奋勇，联系了在胜利油田做党校校长的政教系老同事唐守真。老唐非常热情，大力支持，还主动承担了学生到油田之后的全部费用。这对我们这个贫困系来说真是天赐良机。于是，我们齐心合力组织了浩浩荡荡的大部队，开赴东营。学校也非常支持，时任校党委副书记的吴铎同我和老蒋做先遣队。油田的领导出面接待。油田的一些生产单位还拿出自己生产的东西款待师生。有一次去油田的养鱼场，午餐的时候，每人满满的一大盆油炸鱼，有学生惊呼，从来没有一顿吃过那么多鱼。半个多月里，师生们分赴钻井队、抽油点，还参观了油田的许多单位，包括学校和农场。师生们皆大开眼界，写了许多调查报告和心得，在校刊上整版发表。同学们精神大振，当年获得上海市团委的表彰。这件事也增强了我们的信心，相信只要大家齐心合力，把各种资源调动起来，困难总是可以克服的。

对青年教师的关心和扶助，也是我们关注的一个焦点，从一件小事就可以看出。在经费最困难的时期，丁祯彦凭借他在上海学术界的声望，为系里争取了一个派教师到外校（业余大学）指导论文的机会。他当即提出，这次有偿的服务全部让青年教师去。讨论时，大家都赞同，决定除了丁祯彦必须带队之外，中老年教师一概让位。丁老师还提出，微薄的奖金分配都多考虑青年教师和办公室职员，领导班子绝不能多得。初建的一段时间里，系里根本拿不出什么可以分配的奖金，过年的时候想方设法买了一点廉价被套之类的东西，分给大家，以示聊补。后来有了一点办班的机会，所得也是微不足道，但一直坚持着这一原则。

那时，我们系的青年教师都是"文化大革命"后毕业的优秀研究生，潜力巨大，系里想方设法给他们搭建平台，让他们尽早开课，承担各项任务，在评奖、留学、职称评定等各个环节尽可能地为其创造条件。很快，他们就在学校里崭露头角。比如，在学校的一次教学评奖中，我系有两名青年教师分别获得了一等奖和二等奖，全校唯一。再如，1987年全校总共只有三个出国进修的名额。我们非常仔细地研究学校下达的方案，分析接受国的情况，有针对性地报送，并就如何选择进修的学科方向、学校，如何填表，反反复复地推敲。这次，童世骏和李光程双双出线，于1988年分赴挪威的卑尔根和英国的剑桥访学。在职称评定的问题上，杨国荣直升教授一事最为典型。1990年，教育部下达了跃升青年教授的文件，根据当时特殊的背景提出了四个条件。系里反复研究之后觉得杨国荣有较大的可能从讲师直升教授，于是提交给系里的职称评审小组议决。当时的评审组里，多数成员自己还都是副教授，遇到这种事情，内心自然是比较复杂的。讨论开始的时候，有人先问，冯先生怎么看？得到的回答是冯先生尊重评审组的意见。后来，大家就逐条研究文件，都觉得杨国荣确实基础扎实，成果丰硕，符合上面规定的条件。更加重要的是，大家感到这一次是极其难得的机会，也许以后不会再有，他的擢升对系里今后的发展至关重要。投票表决的结果是六票赞成，一票弃权。在走出会场的路上，丁祯彦对我说，这件事办成了，他就是死了也可以交代了。老丁是个会讲出真心话的老同事。之后，杨国荣不但顺顺当当地当上了教授，而且已经大有名气。

可以说，那时系里对青年教师的关心是全方位的，尽可能地解决他们的困难。童世骏、李光程结婚的时候，系里在工会俱乐部为他们举办了一个喜庆的晚会。各个教研室也是如此。当时资源匮乏，学校也非常困难，我们只好想尽办法来争取，有时还不得不采取非常手段。为解决学成归国的童世骏的住房问题，我们曾半路拦住校党委书记严凤霞。当时，学校确实也没有房子，她就把学校给她中午休息的那个小房间让了出来。

发挥科研优势也是摆脱困境的途径。在财力非常困难的条件下，哲学系坚持召开了一些有影响力的学术会议。我直接参与的伦理学教研室1988年主办的"功利主义反思"学术讨论会和1991年举办的"改革开放与社会道德价值导向"学术讨论会，都在学界和社会上产生了积极的影响。中国哲学史教研室举办了中西哲学讲习会，吸引了全国各地许多青年学者参加，夏威夷大学的成中英教授也在这次讲习会上亮相。冯契先生搭建了中西哲学和文化比较研究中心，许多境外的华人学者借助这个平台陆续来系里访问，借这个平台还做了许多开创性的工作。

此外，在教育部决定改革公共政治课、创设"马克思主义基本原理"课程的时候，我们抓住了机会，主动设置了该专业的硕士点。时任国家教委社会科学研究与艺术教育司司长王茂根，对我系的积极态度赞许有加。后来，冯契先生还在自己的研究计划尚未完成的情况下，额外承担了主编《马克思主义基本原理》的任务。这本依托全校力量编写的教材，在全国产生了广泛影响，大大提升了我系的学术地位。

初创时期遇到的经费短缺等困难，现在回过头去看，其实还不是最大的难题，最难的是学校里反复想压缩和甚至取消哲学专业的本科招生，这个冲击让人难以承受。幸好系主任老彭据理力争，学校从中央民族学院得到了办一个新疆班的机会，由欧阳萍、汪海萍两位女将费尽心力，把这个班级带到毕业。汪海萍真是女中豪杰，精明能干，不知化解了多少矛盾。任课的教师花了大力气，尽力提高他们的水平，还培养了一些少数民族的学术人才。其中，一位学生木拉提（哈萨克族）在本系就读研究生之后，成长为新疆地区一名知名的专业研究人员。

进入 1990 年代，哲学系遇到的一个难题是相当集中的减员。现在留存下来的一张非常珍贵的照片，就是欢送陈思鸣退休时的合影，可称为初创时期的全家福。此后，减员就开始了。非常不幸的是，除了一些到龄的同仁退休之外，相继有几位同仁离世。最令人伤感的是，接连有两位教师盛年突患恶疾，不久就离世了。一位是伦理学教研室首届毕业的研究生盛宗范，一位是逻辑学教研室的袁宝璋。在哀痛之余，系里尽力为他们的子女争取较好的抚恤条件，此后数年逢年过节都前去探访。汪海萍经验丰富，不辞辛劳，对增强系里的凝聚力贡献甚多。此后又有刘辉杨、蒋申华、曾乐山等几位老同事相继离世。除此之外，在出国进修的机会渐渐增多的环境下，有好几位年轻教师选择去国外发展。

1992 年邓小平南方谈话之后，市场经济蓬勃发展，有的教师尽管身在学校，但是主要的心思用于经商和炒股。"经济繁荣，哲学贫困"的困境进一步加剧。学校压缩招生名额，研究生则生源不足，只好招收一些只有专科学历的同等学力学生。每逢高校招生，哲学专业可谓"门可罗雀"。唯一的办法就是抱团取暖、相互鼓励。印象最深的是，冯契先生同大家谈抗战期间他在西南联大追随金岳霖先生苦读的情景，有的时候就是一对一上课。另外就是在周三的学习会上，丁祯彦、张天飞等拿出《路德维希·费尔巴哈和德国古典哲学的终结》一书结尾处恩格斯的那段名言，1848 年之后有教养的德国，将思辨转到了交易所。伟大的"理论兴趣"只在德国的工人阶级中继续发扬。大概就是靠着这点理论兴趣，许多同仁坚持了下来，并以此影响学生，使得哲学系能够坚持下来，维系并增厚了学术的基础。

定远纪实

　　1965 年，我奉命与四年级的学生一起参加华东局组织的"四清"工作队赴安徽定远参加"社会主义教育运动"（简称"四清运动"）。此时我们手中关于"四清运动"的中央文件已经有三个，分别称为"前十条""后十条""二十三条"。最后一个文件中最为重要的是，首次提出了"走资本主义道路的当权派"即"走资派"的概念，强调"四清"的目标就是清理"走资派"。

　　第一期我们被分在邻近县城的城西公社潜龙大队的北小杨村。我们到大队部报到时已临近黄昏，大队工作组的负责人是空军政校的一位营长，他热情地招呼我们一起吃晚饭，端出来的下饭菜就是一小块像盐巴一样咸的腌冬瓜。再看看，从公社到大队部，清一色的都是泥巴房。上面是毛竹的大梁，盖的是每年必须更换的稻草。室内的家具都是土坯加秫秸制成的，连储存粮食的缸也是用泥巴和秫秸做的。到生产队后，我们发现这个村庄里没有一家有厕所。早上起来，一出门就看到小媳妇大姑娘都在墙根底下出恭，赶紧退回去。有此教训，以后就只得晚出门。工作队自己动手挖了坑，边上围起一排秫秸。可是出恭的时候，就会有几只猪围在周边。几只狗跟着猪，舔猪粪。有的老大爷背着粪筐，捡狗屎做肥料。如此循环，足见生产力的水平是何等的低下。

　　我们去之前领导关照的注意事项，有两条非常要紧：一是不

124

得涉及"五风"问题；二是不得透露自己的薪酬，无论是对社员还是当地干部。

驻队时间长了，我们与社员的信任慢慢建立起来之后，就会发现许多被掩盖起来的真相。

十来户人家，大都有隐秘的家事。按要求，我们必须访贫问苦，在最穷的人家搭伙。我搭伙在最贫困的陆姓人家，夫妻俩经常吵架。男主系本村人，身材矮小，既不善持家，也不是强劳力。人高马大的女主则是逃荒来此的，前夫死了，留下一个女孩。他家在生产队里属于生活条件较差的，主食基本上就是高粱糊糊和贴在锅沿的烤山芋片，每餐都靠咸如盐巴的腌冬瓜下饭。见我既支付粮票又支付搭伙费，老陆不好意思，不时拿出一些珍藏的腌制的鬼子姜（洋姜）招待我。小孩伸出筷子，立马被制止，令人心酸。

比较丰裕的是黄姓兄弟两家。弟弟是生产队长，老婆也富态，且能说会道，有四个孩子。哥哥看上去相当苍老，老实巴交，不善言辞。有一天，老黄对我说，晚上你一定要来我家，有要事相告。晚饭后，我去了，他立马紧闭大门。我问道，有什么要紧事？他笑了笑，说：我家的看门狗咬了人，我把它杀了。按我们这里的风俗，杀了狗，必须给全村每家每户都分食。你也算我们队里人，必须喝一碗。

第二期我们转到了淮河边的炼铺公社，此处比城西公社还要穷得多，所食都是高粱糊，中午加一点山芋干。我和临汾旅的一位高连长（1947年参军的老兵）同处一室，在一个单身汉胡德培家里搭伙。胡德培为人忠厚，觉得收了粮票又收了钱，天天让客人喝粥于心不安。有一天午饭前，他就冒着烈日到干枯的水塘抓了些泥鳅，又煮了一大锅干饭。我们三个人吃得一干二净。饭后打开米缸，老胡惊叫起来，只剩这么点粮食了，怎么办？高连长马上安慰他：不着急，我还有全国粮票。

时间长了就发现，老乡们最需要的是工作队帮助他们发展生产，增加收入。作为工作队队员，我们最快乐的时候就是与老乡们一起解决生产中的难题。有一次，队里喂牲口的草料不够了，我们凑了钱外出购买，一起把草料挑回来。尽管风大草轻，一路走得很艰难，但我也提高了挑担的本领，尤其是换肩的技巧。还有一次，队里母牛生了一头小牛，可是小牛站不起来，无法吃到奶。我按科学知识推论，可能是缺钙，于是去了县城买了一些钙片，喂食后它居然站了起来。老乡啧啧称赞，这是对我最好的奖赏。可见，老乡们最需要的是发展生产，丰衣足食。

身在农村最大的憾事就是处于信息盲点。虽然我也订了报纸，但是拿到时新闻早已成了旧闻。幸好，回沪休假时，我痛下决心，花了一个多月的工资，买了一台半导体收音机，从中得知，一场新的运动正在拉开大幕。我们是留在农村还是回到学校？不得而知，疑窦丛生。不久，我们接到命令，三天之内回校。此后与这里再无联系。定远的乡亲们，你们可好？

"四清"既是工作也是学习。除了了解国情之外，我也学得了一些认识社会的方法。印象最深的是一位在城西公社蹲点的退役的志愿军少将。他给蹲点的学生出了一个题目：如果买肉馒头，先比较一下今年馒头的肉馅比往年是大了还是小了，然后推论今年的收成是好于常年还是差于往年。有的学生说，肉馅小了，则意味着收成不如常年。将军听了哈哈笑，说道：非也。收成好，有余粮，可以喂猪，不必急急乎杀猪卖肉。相反，收成差，无余粮，等不及猪上膘，匆匆宰杀，肉价下跌，包子里自然就肉多了。此类依据观察到的经验事实，依托经验规律，作出推论，乃是个人认识社会现象的一种有效的方法，可称为"一叶知秋法"。个人的所见极其有限，统计性的结论往往过于宏大，而且难免有不实之处。一叶知秋法，也许可以聊补。

20 世纪的 "科学热"

闲来无事，整理藏书，理出了一大堆的自然科学、技术科学和科学技术哲学的书，以 1970 年代末 1980 年代初的出版物居多。边理边翻，思绪回到了 40 年前，勾起了许多记忆。突然发现，原来 40 年前除了 "萨特热" "尼采热" 之外，还有一个 "科学热"。这番 "科学热" 有哪些特点？它留下了哪些成果至今还在起作用？

经历过那个时代的人都不会忘记 1978 年全国科学大会的召开，"科学技术是第一生产力" 命题的提出，激动人心的 "科学的春天" 的来临。诗人徐迟充满激情的《哥德巴赫猜想》，让陈景润这位蜗居斗室，连自己的生活都不善料理却矢志不移埋头破解世界级难题的数学家，成了国人崇敬的偶像。套用现在的流行语来说，他拥有无数的粉丝。由此带来的就是对科学知识的敬畏和对发现科学规律、发明各种新技术的科学家、发明家的崇敬。

"科学热" 最直接的一个效果就是引发了国人学习科学知识的热情，科普读物成了畅销书，我自己也涉入其中。比如，著名科普作家阿西莫夫的许多作品就在藏书之中。翻开其中一册《宇宙、地球和大气》的版权页，1979 年第二次印刷的印数为287700，足见其发行量之大。想想那时大家收入不高，定价 0.65元，大体相当于我这样的教书匠月收入的百分之一。月薪 36 块的青年人也有不少投入到这场读科学书的热潮之中。再翻下去，可以看到，许多地方都有铅笔画的杠杠和记号，可见当时都是认真读过的。其实，在那个低收入的年代，没有多少人会为装点门面去买书，买来的书就是用来读的，这是当时的常态。科普读物的大量发行，涉及面极广，除了宇宙、地球，还有从元素到基本粒子、生命的起源和人体及思维、科学史（包括各门学科的发展史）和涉及整个科学技术发展的宏大叙事（如梅森的《自然科学史》等）都有数量庞大的读者群。丹皮尔的《科学史及其与哲学和宗教的关系》这本 45 万字的厚书，1979 年重印时总印数达 30500 之多。更加令人惊讶的是手头两本量子力学史话，第一次印刷的数量分别为 100000 和 200410。

为什么人们对科学史会有那么大的兴趣呢？从事科学技术工作的读者和有志于从事科学技术工作的年轻人期望从科学史中借鉴前人的经验，窥得成功进行科学研究的奥秘。更多的读者期望提高自己的科学素养，习得科学的思维方式，跟上时代前进的步伐。所以，这一时期的科学读物中有关科学研究的方法、艺术的书籍有较大的读者群。我手头就存有《漫话科学假说》《科学与思考》《科学研究的艺术》等。其中，影响面比较广的有贝弗里奇的《科学研究的艺术》，1979 年第一次印刷的时候达 152400 之多。打开这本封面被翻破的小册子，可以发现，这位卓有成效的科学家综合了一些著名科学家的经验和见解，结合自己的经验教训，用风趣的语言，通过一个个科学史上的故事，将科学研究中做出新发现所需要的思维技巧——艺术，娓娓道来。对并非直接从事科学研究的读者来说，比这些思维技巧更具吸引力的是此书对科学研究人员、科学家品格的描述。在作者的笔下，最基本的品格有两条——对科学的热爱和难以满足的好奇心。所以，尽管科学家很少因自己的劳动获得大笔金钱，但是新发现带来的激动和满足感是科学家最大的报酬，是他们人生最大的乐趣。作者引用巴斯德和贝尔纳的话说："当你终于确实明白了某件事物时，你所感到的快乐是人类所能感到的一种最大的快乐。"[1] "作出新发现时感到的快乐，肯定是人类心灵所能感受的最鲜明而真实的感情。"[2] 对科学的热爱带来了极其可贵的德性——完全的诚实。"从长远来说，一个诚实的科学家是不吃亏的，他不仅没有谎报成果，而且充分报道了不符合自己观点的事实。道德上的疏忽在科学领域里受到的惩罚要比商业界严厉得多。"[3] 这种诚实，还带来了科学家心灵深处的谦恭，他们深知比起广阔的未知世界，自己的成就只是沧海一粟。牛顿暮年时说："我不知道世人怎样看我，但在我自己看来，我只是像一个在沙滩上玩耍的男孩，一会儿找到一颗特别光滑的卵石，一会儿发现一只异常美丽的贝壳，就这样使自己娱乐消遣；而与此同时，真理的汪洋大海在我眼前未被认识、未被发现。"[4] 这就是最好的佐证。

　　贝弗里奇笔下科学家的品格让人们觉得耳目一新。科学家不仅因他们的科学发现给人类带来的福祉而受到崇敬，更因其品格

---

[1]　W. I. B. 贝弗里奇：《科学研究的艺术》，陈捷译，科学出版社 1979 年版，第 147—148 页。

[2]　同上，第 148 页。

[3]　同上，第 150 页。

[4]　同上，第 157 页。

的高尚而受到敬仰。科学家的传记、他们对人生的感悟，都为广大读者喜爱。诸如《爱因斯坦谈人生》之类的书籍也随之流行。

对科学家的崇敬和对科学的敬畏带来了对科学方法的热衷，科学方法的书籍和刊物蜂拥而至。首先引起学界关注的是，社会科学界有些同仁开始尝试将自然科学的一些方法和学说（如熵增定律、普利高津的耗散结构理论等）引进自己的研究领域。

更具时代特色的是，科学方法引起了广大科技工作者的兴趣和关注，最具开拓性的是"科学决策"这一概念的提出。沪上的四位学者夏禹龙、刘吉、冯之浚、张念椿，写了很多文章阐发这一概念，成为舆论场的热点，他们一度被戏称为"四条汉子"。1982 年，他们在《中国社会科学》杂志发表的《论决策科学化》一文，首先论述了决策科学化的必要性。小生产方式下依赖的是经验决策，主要是依赖决策者个人的经验。现代化的社会化大生产，在经济和科技领域表现为"大科学""大工程""大企业"，其特点就是规模庞大、结构复杂、功能综合、因素众多，必须经过周密的论证，绝非任何个人的经验和智慧所能胜任。加上各种社会活动的速率加快，这就在客观上要求决策者——各行各业的领导者——实行从经验决策到科学决策的转变。文章在对科学决策的内涵和类型作出分析的基础上，提出了可供操作的"决策程序"，列出了发现问题、确定目标、价值准则、拟制方案、分析评估、方案优选，试验实证、普遍实施等八个步骤。文章还强调要实现科学决策，需要特别重视不同意见和民主讨论，指出不同意见的发表实质上等于提出了更多可供选择的方案，不同意见之间的争论可以取长补短，激发人的想象力和创造力。作者认为陈云同志以下的论说应该成为决策者的座右铭："领导干部听话要特别注意听反面的话。相同的意见谁也敢讲，容易听得到；不同的意见，常常由于领导人不虚心，人家不敢讲，不容易听到。……事物是很复杂的，要想得到比较全面的正确的了解，那就必须听取各种不同意见，经过周密的分析，把它集中起来。"①

　　"科学热"还相当集中地体现在哲学界，最明显的表现就是科学哲学成为热门。当时有的用"自然辩证法"，有的用"科学哲学"或"科学技术哲学"来称呼这个分支学科。关注的内容大体可以分为两个方面，一个是科学技术的新进展及其对哲学提出的新问题，另一个就是国外的科学哲学在当代的发展。

　　就前一个方面而言，有一部分论者关注的是诸如"宇宙大爆炸"之类的新学说，对写在教科书中的哲学原理提出了挑战。而多数的论者更加关注反映科学的整体化趋势的"新三论"即系统论、控制论、信息论。科学哲学研究者认为"新三论"体现了科学思想的根本性变化。他们对"新三论"的内容及其相应的技术应用领域（诸如系统工程、通信工程、控制工程）予以引介，对其产生的背景进行分析，使大家知道了"新三论"与电子计算机发明和推广息息相关。这些新科学的介绍让国人大开眼界，于是电子计算机、电脑、人工智能、机器思维等以前所未闻的新事物、新概念成为舆论场上的热点，也成了公众追逐的新知。还有

---

① 夏禹龙、刘吉、冯之浚、张念椿：《论决策科学化》，《中国社会科学》1982年第3期，第3—25页。

一些论者，就科学发展到当代该如何分类，科学与技术之间的关系该如何把握，提出了各自的见解。比较流行的一种看法是将基础科学、技术科学和工程科学加以分梳，其中基础科学着重回答"是什么"和"为什么"的问题，技术科学和工程科学则着重解决"做什么"和"怎么做"的问题。这些问题的讨论拓宽了人们的眼界，也为把"科学技术是第一生产力"落到实处做了铺垫。

关注国外科学哲学的研究也是那个年代的热点。刚刚打开"禁区"的现代外国哲学研究，在起步之初就把现当代的科学哲学作为一个重点。在1979年召开的中国现代外国哲学研究会第一次全国讨论会上，卡尔·波普的证伪主义和三个世界的学说受到了与会者的关注，会后学界就出现了"波普热"。此后，以"科学方法论和科学动力学"为重点的科学哲学一度成为读书界的热点。邱仁宗先生编著《科学方法论和科学动力学》一书，系统介绍了科学方法论的历史和近二三十年来的演进，第一次印刷就达四万册之多。出版者言明，此书发行的对象，不仅是哲学系的师生，而且包括文理各系科的师生和社会上有兴趣的读者。据我观察，当时对科学新进展和科学哲学的兴趣，在从事哲学原理教学的数量众多的公共课教师中极为普遍，通过他们的努力将"科学热"辐射到广大的青年学生（包括高中生）。

深受青年人喜爱的还有赵鑫珊先生的散文，汇集他的数十篇文章的两本书——《哲学与当代世界》和《科学·艺术·哲学断想》一直摆在我的书架上。富有诗人气质的赵先生，用充满激情的文字，极其丰富的哲学史、科学史、艺术史的知识，结合著名科学家的故事，将科学、艺术和哲学的关系娓娓道来，使人对科学的理解上升到了一个新的维度。原来科学与艺术、哲学是紧密相连的。许多大科学家不仅有丰厚的哲学素养，而且对宇宙、天地、人生有自己的哲学思考。许多科学家都热爱艺术，尤其是音乐，在音乐中找到自己的精神家园，也从中激发出科学创造所必需的想象力。

较能反映这个时代中国人所思所想的一篇文章，专门讨论大学生提出的一个问题："我们能否贡献一个爱因斯坦?"这个问题的提出本身，足以反映一代青年的宏大志愿和满满的自信。

与1956年"向科学进军"的热潮相比，此番"科学热"持续数年，它留下的积淀至今还在发挥着独特的作用，它所折射的时代永远值得我们怀念。之所以值得怀念，是因为这股"科学热"多多少少反映出恩格斯所称颂的"伟大的理论兴趣"——那种致力于纯粹科学研究的兴趣——开始在中国大地生根发芽。

本文原刊于《文汇》(文汇讲堂第96期)，原标题为《40多年前，量子力学科普书首印就卖20多万册》，本次出版有修订。

为什么要花大力气研究劳动观念问题

今年① "五一"前夕，华东师范大学社会科学创新基地与《探索与争鸣》编辑部举办了一次关于劳动、劳动观念与社会公正的论坛，特邀相关领域的专家学者一道来聚焦中国"劳动"之革新与挑战，探索劳动观念时代跃迁背后的形成机理，寻找劳动关系价值转换下的应对方略。怎么会想到做这件事呢？这要从我们对于核心价值问题的研究说起。

多年来，我们一直把"公正"或者说"公平正义"问题作为研究的重点。一段时期里，我们有一个愿望，就是通过我们的研究，有力地论证"公平正义"是社会主义核心价值观不可缺少的价值目标。党的十八大把"公正"这一价值目标正式列入社会主义核心价值观，我们十分高兴，同时也期望将对"公正"问题的研究继续深入地做下去。经过一段时期的讨论，我们觉得中国特色社会主义的公正观的内涵是离不开劳动观念的。前些年，"公平正义"问题开始成为社会关注的热点时，除了司法公正之外，普遍关注的是"共同富裕"或者说"共同致富"的问题。这一问题，最直接的是一个收入分配和财富分配的问题。但是往深处追究，就会发现，所谓的收入分配或财富分配的问题，最关键的是劳动收入在国民收入中的占比、劳动收入与资本收入的关系以及

---

① 指2015年。

企业内部劳动与资本的关系等问题，而在社会生活中最具体鲜活的体现就是劳动者的处境、地位和权利的实现程度。可见，劳动和劳动观念的问题是"公平正义"或"公正"这一价值目标凸显出来的一个重要的背景。

最近这两三年社会对"公平正义"问题关注的焦点集中到反腐败上来了。这确实非常重要。腐败无疑是实现社会公平正义的巨大障碍。但是，腐败通过权力寻租攫取的财富，归根结底是劳动者创造的。从这一角度来看，腐败本质上就是对劳动者的剥削。腐败的盛行在观念上带来的一个后果，就是社会上有一股蔑视劳动、妄想一夜暴富的风气，一些人不再相信勤劳可以致富，这反过来又成为腐败存在的观念基础。与此同时，发端于贪官污吏的享乐、奢侈之风又日益浸润到社会的各个层面，无疑进一步强化了腐败。所以，对于社会上劳动观念出现的问题，不能等闲视之，需要经过深入的研究加以解决。

之所以需要做深入研究，是因为劳动、劳动观念都是非常复杂的问题。自 20 世纪起，劳动观念获得了现代意义的跃迁。中华人民共和国成立以来，"劳动光荣"风尚一度领社会之风骚。我和老同学、老同事朱贻庭都是年届八十的老人，一起谈论劳动观念的时候，常常回忆起我们从青少年时期就接受的劳动教育的启蒙、所经历的艰苦劳动的锻炼。我们共同的感受是，劳动观念非常复杂。

我们在初中时受到的劳动观念教育，最初是从学习社会发展史开始的。劳动在由猿到人的进化过程中起到重要作用。劳动创造财富，劳动创造世界。这种宣传教育与当时的各项政策是同步的。工人新村的建造、劳动者待遇的提高、劳动模范的评选带来的劳动者社会地位和声誉的提高等，都在这一时期发生。1954年的宪法从根本大法上把"五爱"（爱祖国、爱人民、爱劳动、爱科学、爱护公共财物）定为公民必须遵循的价值原则。此后，劳动观念被不断强化。到了1950年代后期，教育与劳动生产相结合成为教育方针，学生们都下乡下厂劳动。我们在大学读书期间就到大兴县农村劳动了一年，到长辛店著名的二七机车厂劳动了三个月。1960年代，劳动的地位是越提越高了，干部也要参加劳动以防止"变成修正主义的党，变成法西斯党"，"干部一参加劳动，许多问题就得到了解决"。当时还流行一个说法："懒、馋、占、贪、变。"一切坏事似乎都是由脱离劳动，也就是由"懒"而来的。

这种观念一直延续到"文化大革命"，干部和知识分子要下放到干校劳动，知识青年要上山下乡，还出现了"我们也有两只手，不在城市里吃闲饭"的口号。经历过这段历史的人，都经历过艰苦的劳动锻炼，有很强的劳动观念，形成了劳动习惯，也懂得劳动者的艰辛。但是，这个时期的劳动观念显然带有一定的片面性，片面地强调体力劳动而否定脑力劳动，包括精神生产和经营管理。好像脑力劳动者是靠体力劳动者养活的，脑力劳动者习得、创造的知识没有价值，没有意义，结果带来的就是遍及社会的"知识无用论"和"读书无用论"。更有甚者，似乎越是使用粗重的、落后的生产工具的体力劳动就越重要、越光荣，越能提高人们的思想觉悟。可见，厘清"劳动"的概念，搞清楚什么是劳动，什么不是劳动，劳动的价值到底在哪里，是一件非常重要的事情。

此外，这一时期劳动观念的宣传与实际生活中的状况还有较大的反差。一方面宣传劳动光荣，另一方面则把劳动作为一种惩罚的手段。干部和知识分子一旦被认为政治上不可靠或者有问题，就让他们去从事体力劳动，下放到农村、工厂。如果问题查清楚了，或者是"落实政策"了，他们就会被从劳动单位调回，可以继续从事非体力劳动的工作。另一个反差就是，被认为是非常光荣的体力劳动者的实际境遇，除了国营大厂中的正式工人之外，其他人并不令人羡慕。这一点在农村尤其明显。1965 年，我在安徽定远县，那里所有的房屋都是泥土垒成的，顶上铺的是仅能维持一两年的稻草（富裕人家则用比较耐久的茅草）。拨乱反正时期，这些极端、片面的观念得到纠正。对知识分子来说，感受最大的就是肯定了知识分子也是工人阶级的一部分，脑力劳动也被正式纳入劳动的范畴。"按劳分配"的观念重新得到肯定，并在政策上加以落实，在实际生活中开始逐步得到体现。再后来的变化就是肯定了劳动致富。于是，劳动的地位大大增强了，社会上尊重劳动的风气又开始上扬。这又从另一个侧面证明了，要真正在全社会形成劳动光荣的风气，既要准确地把握劳动观念，又要使得我们的宣传口号与实际生活保持一致，在政策上、在具体措施上，切实保障劳动者的权利，让劳动者能够过上好日子。

总之，劳动观念的阐释及其何以能够成为全社会的风尚的机理，都是非常复杂的。这种复杂性，在实行市场取向的经济体制改革和融入全球经济之后，变得更加突出，且遇到许多前所未见的难题。市场取向的改革，确实是一场极其深刻的社会变革，其深度远远超出这场改革开始之时人们的想象。其中最为深刻的变化就是经济体制从单一公有制转向多种所有制，而多种所有制的一个关键问题，就是资本作为一种生产关系不断地扩大其作用。开始是资本作为生产要素参与分配，后来资本就逐步积累成为一股强大的社会力量。于是，劳动观念就不得不去回答资本与劳动的关系问题。市场经济离不开资本，所以也就无法维系对资本的排斥。在缺乏资本的年代里，有本事引来资本，成了功莫大焉的事情。我当年曾经在一个北方的城市里看到过这样的口号："引进资本是功臣，破坏资本引进是罪人。"这种转型的阵痛，对劳动观念的阐释提出了许多挑战。这就提出了一个十分尖锐的问题——在资本已经变得非常重要的市场经济中，劳动是不是无足轻重了？劳动者是不是只能处于弱势群体的地位？还要不要尊重劳动，尤其是体力劳动？

企业家、私人资本家的经营管理算不算劳动？这是亚当·斯密曾讨论过的老问题。他认为可以把拥有资本并从事着四种工作的资本家——农业家或矿业家、制造者、批发商人、零售商人称为"生产性劳动者"，以区别靠地租或世袭或其他说不清楚来源，握有大额资财，只知用于满足眼前的享乐，炫耀财富的"游惰阶级"。这一曾经被我们否定的观点，好像又在一定程度上重新获得了认可。

　　劳动概念的外延随着新的经济形态、社会结构的出现不断扩大，其边界到底在何处也成了问题。皮凯蒂提出"超级经理人""明星制"，各行各业的明星们的工作算不算劳动，他们的巨额收入属不属于劳动收入？这些问题在中国同样存在。

　　在私有财产权得到法律保障的条件下，金融资本的强势和金融业的高度发展，使"钱自己可以生钱"得以在一小部分人身上实现。创业者与食利者往往又相互转化、相互融合，劳动者和食利者（食租者）不存在一个鲜明的界线。所有这些都使得"劳动"与"非劳动"的界线已经失去了计划经济时代的确定性，如何区分成为一个难题。如果把这条界线划得过窄，还是以生产性的体力劳动为线，就会把许多脑力劳动者、经营管理者排除在外。况且，随着产业升级，繁重的体力劳动者的数量终究要不断减少。如果划得过宽，什么都可以算劳动（比如收自家房产的租金等），那么"尊重劳动""热爱劳动"等口号也就失去了意义。在实际操作上，我们看到的多是比较模糊的处理方法（比如劳模的评选对象）。模糊有模糊的好处，但是也有它的弊端，就是让人们不知所从。看来，就学理的研究来说，还是要在实证调查的基础上，做出比较细致的分梳为好。这样，对公众的疑问也能够给出有根有据的解释了。

　　除了"劳动"概念、"劳动"与非"劳动"的界线之外，劳动观念得以成为风尚的机理在市场经济下也发生了巨大而深刻的变化。以往主要是靠两条：一是自上而下的宣传和灌输，二是相应的政策措施。但是，进入市场经济之后，私有财产权具有合法性，遗产的继承大量出现且无须承担任何税赋，财产的馈赠既无须登记也不承担任何税赋，靠遗产和馈赠过上奢侈的生活在一小部分社会成员那里已经成为现实；而财富累积带来的贫富分化，也成为生活中的现实。这些现实必定会反映到人们的观念上。"社会存在决定社会意识"这个唯物史观的基本道理，还是经得起检验的。这是基本的机理。就社会的观念来说，价值观念不仅仅是抽象的、观念性的东西，它实际所起的作用是与各种社会主体之间的实力（也可以说是势力）相关的，由此形成的合力才使得社会做出某种共同的选择，形成体现那个世道的"是非观念"。在市场经济下，以对传统的劳动观念冲击最大的"成功"观为例，最初是商界通过铺天盖地的广告，用豪宅、香车和各式各样的奢侈品定义了"成功人士的标志"，而媒体也在不遗余力地到处宣传，粉丝们的价值观念，包括劳动观念，就是这样逐渐被形塑和模糊的。可见，如何在这样的环境下搞清机理，让恰当的劳动观念成为我们这个社会的"是非观念"，也是有待我们破解的难题。

马克思主义告诉我们，人的最本质的特征首先就在于劳动。自由劳动是劳动和意识、感性活动与理性思维的有机统一，这就是人类的本质。尽管在人类历史的一定阶段，劳动异化是不可避免的，并且使许多人陷入权力迷信、拜金主义等迷途。但是，正如冯契先生所说，按照马克思的思想，趋向自由劳动是合理的价值体系的基础。我们理应为这种价值体系的形成作出应有的努力。

本文原刊于《探索与争鸣》2015年第8期，本次出版有修订。

劳动观念、劳动收入与社会公正

劳动观念的地位和内涵是随着社会发展变化而变化的。

1949 年中华人民共和国成立，我 11 岁，正好进入初中。我们那时接受的政治教育，既有政治教师（我的第一位政治老师是地下党员朱云中先生，当时他是学校的党支部书记，在课堂上给我们讲过他被国民党逮捕，差一点就被装进麻袋扔进黄浦江里）的教导，更有大环境的习染。我最初接触的劳动观念教育是社会上轰轰烈烈的社会发展史的教育。记得有一次在光华大学的礼堂里，请了当时非常有名的沈志远先生演讲，从劳动创造人、劳动是由猿到人转变的动力讲起。报纸上都是劳动光荣的口号。这就是我们当年劳动观念的启蒙。1954 年制定宪法的时候，"五爱"正式被写进宪法，其中"爱劳动"就同"爱祖国"一起成为法定的价值观念。

1951 年，我在许多先进同学的启发下，提出了入团的要求。团组织生活开展批评的时候，劳动观念、劳动态度都是主题，我就因为家务劳动做得少遭到过同学的批评。于是，暑期里我就在学校里劳动，搬课桌椅、打扫教室，算是被认可有进步了。回到家里，我就比较懒。妈妈还说我，你在学校里肯做事，回到家里就这么懒，跟我一起到里弄搞卫生去吧。那时正处轰轰烈烈的爱国卫生运动时期，妈妈又是居委会主任，事事都带头，自费买了许多打扫工具，与邻居们一起动手。小孩子也都很起劲，我们还在空地上种上了树木。学校里也重视劳动教育。节庆日

（"五一""十一"）团组织还发动大家到工厂去（那时上海有许多弄堂小厂，就在学校附近），与工人一起过节联欢。

进入大学之后，第一年重点课程是政治经济学，读《资本论》《雇佣劳动与资本》等经典著作，哲学课也读到恩格斯的《劳动在从猿到人转变过程中的作用》等。劳动创造价值、劳动创造世界等观念从学理上进一步得到充实。

这一时期，崇尚劳动的观念在社会上是非常盛行的，套用现在的话说是主流价值观。我们正值价值观形成时期，所以观念上接受也就觉得非常自然。这不仅是一种舆论，而且是体现在制度上和许多政策、措施上的，说的和做的是相当一致的。

1950年代中期之后，劳动观念发生了一些变化。其中之一就是让知识分子接受劳动教育，把教育与劳动生产相结合作为教育方针正式提了出来，从而赋予体力劳动以更高的意义，而对智力劳动的作用和意义则进行贬斥，劳动的含义收窄为从事直接生产的体力劳动。

在这一背景下，1958年，我们全系到北京郊区大兴县农村参加劳动。劳动对我这样在城市长大的人来说是很大的锻炼，我进入了一个完全不同的生活环境。"劳其筋骨"自然不必说了，而且我确确实实感到种地也是技术活，有许多技能需要掌握。我们的生产队长手把手地教我们如何收割，如何使锹。他还非常风趣，一边劳动一边与我们拉家常。他不时冒出一些金句，像"人欺田一时，田欺人一年"等，启发我们要认真地劳动，做好每一个工序。那一年是大丰收，在生产队长的带领下，我们到永定河河滩上去收花生，一大车一大车地拉回来，丰收的喜悦油然而生。队长在地里把带秧的花生点着之后，埋进火热的沙土地里，焐熟了，大家围在一起吃刚刚出土的新花生，这香味是终生难忘的。但是，也有许多问题引发思考。比如重视生产，重视体力劳动，这是完全正确的。但是，我们上大学进行专业学习算不算劳动呢？我们的老师教书做研究算不算劳动呢？下乡之后，我们除了下地劳动，就是下地劳动，书本知识好像是没有多大用处的。对这样的说法、做法，应怎么来看？记得冯友兰先生那时在《光明日报》上发表了一篇文章——《树立一个对立面》，提出了一个公式，说学生还是要读书的，对他们来说理论还是要的，应该是学习、实践、再学习、再实践。不知道是不是与这篇文章有关，半年后，系里对学生的安排做了调整，我们班从永定河边上的卢城大队鹅房村移到了大兴县城旁边的西黄村，开始了半工半读的生活，每天半天劳动，半天学习。老师开一些讲座，我们也有了自修室。当时主要的学习内容是历史唯物主义。一旦有机会稍微定下心来做些思考，问题就来了，其中就包括了劳动的问题。

其一，劳动可以是无效无益的。我们在鹅房村的时候，受到了深翻风的影响，想试试学习报上刊登的深翻地的做法。队长给了我们一分好地，试验密植小麦。我们将地深翻五尺，一层一层地翻，翻一层加一层肥料。一位老大爷常常坐在地边上看我们，边看边说，生土都翻上来了，庄稼怎么长得出来？种得那么密，麦子会倒伏。我们当时头脑发热，说报上登的，这样可以高产。

尽管后来离开了，但是回想起来，必定是白费工夫了。到了西黄村之后，也常常有类似的事情，天不亮就被叫起来去翻地，地冻得很硬，干到吃早饭歇工的时候，也翻不了多少。队长也知道没有什么功效，因为上面有指令，非这么干不可。

其二，劳动和劳动果实如何分配？西黄村是一个有种菜历史的富村，交通方便，出名的是美称"心里美"的绿皮红心大萝卜。那年大丰收。我们的一项主要活计就是在地里挖窖储存萝卜。老农民说，保存得好可以藏到来年"五一"，当水果卖可卖大价钱；还可以在年关的时候出售。还有就是芫荽（也就是香菜），下了雪，此物留在地里冻不坏，到过年的时候送到北京，又是稀罕物，可值钱了。冬天地里搭起温室，用炭火加温培育出来黄灿灿的韭黄，也是西黄村的一宝。然而，那时正进行人民公社化运动，经常有别的大队凭着一张公社的批条就一大车一大车地把这些劳动果实拉走了。社员非常心疼，就叫大家使劲地吃。那一年，我着实吃了不少绿皮红心的"心里美"。这样，疑虑也出来了。单尊重劳动是远远不够的，对劳动者辛辛苦苦所得的劳动果实，还需要妥善地处理。

1960年大学毕业前夕，我们又被安排参加工厂的劳动。我在长辛店二七机车厂车架车间，跟一位师傅修理火车头的车架。厂里还有一些从农村里来的临时工，没有工人的身份，是自己出来找活计而不是公社派出来的，其收入待遇和各种境遇就大不相同，这也是让人产生疑虑而需要思考的现象。那时的劳动观点给人留下的最深刻的印象就是，"知识分子是脑力劳动者，是靠体力劳动的工农养活的"，这也逐渐被许多人接受。

毕业后，我回到上海任教，碰上三年困难时期，食物的极度匮乏让社会上对农业劳动的重要性有了切身的感受。这时劳动观念和自力更生是连接在一起的。社会就是靠劳动来维系的，没有生产劳动，衣食住行都无法得到解决。然而，这种重视对于从事农业劳动的农民来说，到底意味着什么呢？

1960 年代，劳动教育重点放到了干部参加劳动上来，强调干部参加劳动是防止"变成修正主义的党，变成法西斯党"，认为一切坏事都是由脱离劳动，也就是由"懒"而来的。1965 年，我被派往安徽定远县参加"四清"运动，这里的农民生活比较艰辛。大多数农民劳动一年下来除了粮食和柴草之外，分不到什么钱。条件好一点的农户养个把猪，但是没有饲料，每天都由小猪倌赶到野地里去觅食，回来喝一点刷锅水，加上一点米糠。工作队的一些地方干部，只有 20 多块的工资，要养一大家子。分配给农民的就是从生产队的收入这口"大锅"里，按每家劳动力出工的工分分配，这大概也算是一种"按劳分配"吧。

"文化大革命"期间，我参加过不知多少的劳动，当过轧钢工、机修工、搬运工、纺织工，在农村和干校种过大田，挖过沟，开过渠，撑过船当过纤夫，立过电线杆，还有一段时间当泥水匠，钻在潮湿的防空洞里修漏。这一时期，从整个社会来看，劳动和劳动观念有几个特点：第一，否定了脑力劳动，最推崇的是粗重的工业劳动和农业劳动；第二，一面是宣传劳动光荣，一面是把劳动当作惩罚的手段；第三，劳动者的报酬与其劳动成果关系不大。

上面所说大约就是改革开放前的情况。

"文化大革命"后期，邓小平主持工作，开始提出要恢复按劳分配。"文化大革命"结束后，劳动观念上最大的一个变化就是肯定了知识分子也是工人阶级的一部分，脑力劳动也被正式纳入劳动的范畴。这是拨乱反正之后的一大变化。我作为脑力劳动者对此感受颇深。再后来的变化就是肯定了劳动致富，按劳分配成为社会上得到肯定的观念，在实际生活中开始逐步得到体现。1980 年代的一段时期，就劳动观念来说，学理上最突出的就是在人道主义与异化的大讨论中，马克思的劳动异化的概念凸显出来了，劳动异化在资本主义制度下存在，在社会主义制度下有没有呢？实际生活中的新问题随着改革开放日渐凸显，劳动观念亦随之发生变化。

2008 年的一场大雪中，我看到工人在高压线的铁塔上，用手工的工具除冰的画面，深受感动，忍不住给《文汇报》写了一篇时评《雪灾教我们要更加尊重体力劳动》。想不到此文为许多报刊转载，钱理群先生还在文章中推荐了这篇时评。他说："这里我想向大家推荐一篇文章：《雪灾教我们要更加尊重体力劳动》（作者：赵修义，载 2008 年 2 月 14 日《文汇报》），这是我所看到的唯一的一篇总结雪灾经验的好文章。"[①] 我在文中写道："在

---

① 钱理群：《当今之中国青年和时代精神——震灾中的思考》，《随笔》2008 年第 5 期，第 3—19 页。

自然灾害肆虐，造成无数的电网结冰倒塌，无数的道路冰封的时候，我们从电视上看到的最惊心动魄的画面是，崇山峻岭中电力工人在数十米高的铁塔上，手持木棒、铁扳手或橡胶棒敲击结冰的电网。""而最感人的画面是破冰的解放军战士一双双伤痕累累的手。这些触动心灵的画面告诉我们一个道理：在技术发达的现代社会，尽管我们已经有了许多技术装备，但是人的双手、人的体力还是最基础的。在诡谲多变的大自然面前，现代化也有其脆弱的一面，而克服这种脆弱性的法宝，就是人的体力、人的双手、人的智慧和勇气。""在现代化的进程中，随着知识经济的来临，在一段时间里，我们一些同志在强调智力和脑力劳动的重要性的时候，有意无意地漠视了体力劳动的意义。加之，市场经济带来的拜金主义和消费主义文化的冲击，使得一些人把'劳动创造世界'这个平凡而重要的真理忘却了。""现在雪灾来教育我们了，该改变一下这种轻视贬低体力劳动的愚蠢观念了。"文章最后提出：要"让尊重劳动，尤其是尊重体力劳动和体力劳动者成为社会风尚"，"学校教育要把培养劳动观念和劳动习惯纳入教育计划"，"各级政府要真心实意地把落实'体面劳动'的要求落到实处，逐步提高劳动收入在整个国民收入中所占的比例，让尊重体力劳动体现在制度上"。①

当今时代，劳动者权益的保障确实有了不小的进步，但是就社会的观念来说，如何看待劳动尤其是体力劳动出现了许多新的

① 赵修义：《雪灾教我们要更加尊重体力劳动》，《文汇报》2008年2月14日。

问题。技术的进步和产业结构的调整，使得直接的体力劳动的岗位日趋减少，而各式各样新的行业的兴起，都提出了今天到底如何界定劳动的问题。此外，资本与劳动的界线在哪里，如皮凯蒂的《21世纪资本论》一书中显示的那样，其区分颇为困难。同时，这个社会对于资本、对于所谓的成功人士的崇拜依然强烈，到底该如何看待这种情况？困惑多多，还待进一步讨论和研究。

社会主义市场经济中的伦理问题和价值目标

——答校有线台记者问

以弘扬主旋律为特色，以评选优秀电影、电视剧、图书、戏剧和理论文章为内容的精神文明建设"五个一工程"1994 年度入选作品日前揭晓，我校（华东师范大学）哲学系的赵修义教授撰写的《社会主义市场经济的伦理辩护问题》成为上海市唯一一篇入选论文。校有线台对赵修义教授进行了采访。

记者：赵教授，您这次入选全国"五个一工程"的论文是今年上海市唯一一篇入选论文，首先感谢您为上海市和我们学校精神文明建设理论研究做出的贡献。我们想问问，是什么原因促使您开始研究市场经济中的伦理问题的？

赵修义：市场经济的问题在我们系里其实已经研究了很多年了，也不是我一个人在研究。从 1986 年经济体制改革以后，商品经济的概念进入人的思想，社会上对这个问题的反应非常强烈，我们系里就开始先讨论功利主义的问题，研究功利主义。我们有很多教师，包括研究生，在这方面做了大量的研究工作。还有西方经济伦理的研究、马克思主义经济伦理的研究，以及对市场经济一些微观问题的研究，像企业伦理。

面对着中国社会这么样一个大的变化，哲学要反映这个时代的精神、保持哲学生命力的话，一定要去关心这个问题，从理论上去驾驭这个时代（的问题）。

这个课题的研究应该说持续了很长的时间。之前我们主要的关注点集中在市场经济引起的人们观念的变化，以及在这个条件下，道德到底应该起什么作用，应该用什么样的道德来规范人们的行为，包括政府的行为。后来我们进行了社会调查，感觉到日常生活中出现了新问题，即市场经济，社会主义市场经济在伦理上、在道义上到底是不是合理的？这个问题可能是市场经济发展中一个需要提出来研究解决的问题。我们还做了一些基础的理论积累工作，包括系里面的一些青年教师翻译国外著作。在这些基础上，大概在 1993 年的时候，我们就明确了市场经济伦理问题研究的两个方面，一是社会主义市场经济的道德要求，二是社会主义市场经济的伦理辩护。

我这篇文章就是对后一个问题的意义、需要研究些什么问题做了简要的论述。主要目的还是提出问题，希望大家一起来把这个工作做下去，同时也希望能够引起社会上的注意。

记者： 构建市场经济过程中，我们不仅要解决大量的技术操作层面的问题，而且要解决价值目标确立的问题，人文学者在这个方面负有极重要的使命。您在文章中谈到了社会主义市场经济的价值目标，您能谈谈这个方面的主要内容吗？

赵修义： 我想市场经济的价值目标实际上也就是我们建设有中国特色社会主义这样一个社会的价值目标，是吧？我们建构的市场经济体系、我们现在提出的奋斗目标，从哲学上来讲，是一个还没有实现的可能世界。那这个可能世界到底值得不值得我们追求，为什么要去建立这么一个可能世界，这就是价值目标的问题。根据邓小平同志对有中国特色社会主义理论的论述，我把社会主义市场经济的价值目标归纳成四个方面：第一个方面，也可以说是一个功利的原则，就是要使得我们全体人民生活富裕起来，要肯定人们对物质生活的追求，这是合理的，也是第一个目标。这个目标碰到一个问题，即使每一个人的追求都是合理的，但是个人利益的总和并不等于我们民族的利益，所以建立社会主义的市场经济还有一个很重要的目标，就是要使得我们中国摆脱一个半世纪以来积贫积弱的局面，使中国强盛起来。市场经济面临一个很突出的问题，即分配正义的问题，或者说经济公正的问题。要改变过去的平均主义，平均主义不是公正的，我们要追求公正。解决这个问题的办法是允许一部分人、一部分地区先富起来，同时也真正能够把共同富裕作为一个价值目标贯穿在建设社会主义市场经济的全过程中，这是第三个价值目标。搞市场经济本身不仅仅是为了发展经济，社会主义是文明、公正的社会，所以应该把对精神文明的追求、培养一代文明的人作为一个价值目标，也可以称之为精神价值的原则。我想这四个价值目标应该说是我们大多数人都认同的。

记者：最后，我想问一个个人问题。我们说哲学是爱智慧的学问，哲学是时代精神的精华，但从哲学史上看，哲学教授们的经济收入一直是非常低的。在目前市场经济大潮中，听说一大批人"下海"赚了钱，社会上出现高收入的社会阶层。在这种情况下，您作为哲学教授是如何看待自己的专业研究的？

赵修义：这是一个很简单的问题。社会总是有分工的，有的人搞物质生产，有的人搞精神生产，搞精神生产当然也有各种不同的行业，市场经济本身就是一个以分工为基础的经济。亚当·斯密在提出市场经济理论的时候，前提就是分工，没有分工也就没有市场，也就没有市场经济。从市场经济角度看社会分工，因分工不同而形成收入差距，在一个合理的限度里是很正常的。

我们作为学校的教师、精神生产者，在社会中担负的使命就是生产精神产品，培养人。我想我们系里大多数教师都有这个心愿。具体而言：一是希望我们能够培养好的学生，使得我们的文化事业，包括哲学事业能够后继有人；二是希望我们能够创造出比较好的精神产品，这个精神产品是经得起历史和时间考验的。

一点浩然气，坦荡真性情

——赵修义教授访谈

余涛：赵老师您好！我们是华师大哲学系采访小队，我是来自中国哲学专业的余涛，此外还有我的队友梁世欣、汪苪芸、禹英杰和蔡添阳。今天有机会能够和赵老师面对面交流，我们感到非常荣幸。能否先请您简单地介绍一下自己？

赵修义：我叫赵修义，1938 年生人。1960 年，我于北大哲学系毕业被分配到华东师大工作。2001 年我退休了，退休以后我还教了好多年的书。可以说，我就是一个教书匠，教了一辈子书。

一开始我在政教系的哲学教研室，哲学系成立后就在哲学系。我的研究方向比较杂。"文化大革命"后主要讲授现代西方哲学，我也在伦理学教研室兼授现代西方伦理思想的课程。到后来，我的哲学视野也慢慢拓展到了其他方向。

我教的最后一门课就是全校博士生的公共课——"现代西方思潮"。我很喜欢教书，在我看来教书很有意思，在这个过程中可以接触到许多年轻人，和他们讨论问题。年轻人有新进的思想，他们提出的问题往往更有活力，会给你很多的启发，让你的思路也能跟着打开，思想有所进步。我们系自建系以来就有重视教学的传统，在教学上可以说在全校都是排得上号的。我们非常重视那些处在教学一线的青年教师：评教学奖的时候，我们系青年教师的比例比别的系要高。我一直认为，大学作为一个教学单位，教书是最基本的。所幸的是，我们拥有许多非常优秀的教师与良好的教书氛围。

余涛：非常感谢赵老师的介绍。短短几句话中，您总不离"教书"二字。诚如您说的那样，您的一辈子都和教学联系在一起，这份坚守令人动容。我们都知道"教学"一词，有"教"也有"学"。因此，我们也请您谈谈您的求学经历。您是上海人，1955 年从华东师大一附中考去了北京大学。上海也有复旦、交大这样的名校，为什么还要如此执着地去北京读哲学专业呢？

赵修义：我和同学们都受当时风气的影响，大家都以什么专业适合自己，自己对什么专业感兴趣为报考依据。我还记得我们同年级一位非常厉害的同学，他的眼睛"总是朝天上看"——因为他就喜欢航空和天文两个专业。他的成绩很好，语文也可以拿高分，但他最终还是选择了自己喜爱的天文，去了南京大学。此外，那时学校之间的等级差距也不像现在这样明显。因此，总的来说，大家都是以感兴趣的专业为优先考量因素的。

至于我为什么报考哲学专业，这纯属偶然。我因体检查出来有色盲，理工科就没办法报考了，但我自己又特别喜欢理科。正巧，我看到招生指南上说，哲学是自然科学和社会科学的总结和概括，哲学系的同学们既要学习社会科学知识，又要学习自然科学知识。我想哲学也有理科的内容，于是就奔着这个专业去了。但其实我刚进入这个专业的时候，对哲学的了解非常少。事实上，当时整个社会对哲学的了解都不多。我讲个笑话：我拿到录取通知书的时候，邻居问我的母亲，你孩子到北京念什么呀？我母亲说我去读哲学。邻居说，你的孩子怎么会想去当算命先生啊？因为他们对哲学的印象无非就是南京路红庙的算命先生，挂出来的大幡上写了"哲学家"三个大字。之所以去北大，是因为当时只有北大有哲学系，像人大、复旦的哲学系都是 1956 年以后才成立的。因此，我最后就这么"误打误撞"地进入北大哲学系，和哲学结下了一生之缘。

余涛：听您这么说，当时哲学系很少，也就北大这么一家，那当时专业内部的划分想必也没有今天这么细致吧。我们很好奇，您当时进入哲学系后都学些什么内容？刚进入哲学领域，会不会感到茫然？

赵修义：我们当时课程的划分还是很明确的。大一入校，先学习马克思主义理论。到现在我还记得刚入学时，高年级的同学给我们办学习方法展览，上面的口号就是"立志做好马列主义宣传员"。所以，我们第一年课程的重头，除了两门历史课以外，就是学习辩证唯物主义和政治经济学。像政治经济学，原本的计划是两年要修满 16 个学分，虽然后来减少了一些，但第一年依然要求两个学期修 8 个学分；另一门辩证唯物主义也有 5 个学分。不过，系里考虑到当时的情况，在第一年还给我们开设了一门很重要的课程，就是逻辑学。第二年，中国哲学史、西方哲学史这些课程也都陆续开设。当然，专业内的学科划分也许确实没有像今天这么细化，但其中一个很大的原因是我们大学五年的时间里面，读书的时间只有一半，另一半时间都在搞运动，所以也就没有按照教学计划上课。可以说，那段最应该读书的时间里，学到的东西其实并不多。

余涛：感谢赵老师与我们分享了您年轻时的求学故事，其中也或多或少地折射出您的学术性格。由此，我们想请您重点谈谈您的那篇文章《社会主义市场经济的伦理辩护问题》。我们了解到您的文章入选了中宣部第四届"五个一工程"，您能向我们分享一下得奖的事儿吗？

赵修义：这篇文章获奖可以说是机缘巧合吧。当时文汇报社的总编又是伦理学会的会长，伦理学会常常借文汇报社的地方开会，讨论一些问题。有一次，学会的副会长朱老师叫我去发言。发言结束后，我和文汇报社总编开玩笑，说我的发言其实是批评你报纸上登的文章的。他说，那你写下来投稿给我们（报社）。我说，我写了，你敢登吗？他说，你写，我就给你登。于是，我就按照他的篇幅要求写了八千字。结果，文章交过去就没有下文了。后来，因为要开全国第三次邓小平建设有中国特色社会主义理论研讨会，市里安排征集文章，当时我们政教系安排周尚文老师负责征集。碰巧有一天，我在文科大楼遇到他，他说："老赵，上面在征集文章，要四篇，现在还差了两篇，你有什么文章就给我吧。"我答应了下来，就跑了一趟文汇报社把文章要回来给了他，就是这篇《社会主义市场经济的伦理辩护问题》。因此，投稿和得奖一事，完全是个偶然。

　　不过，对这个问题的研究却非偶然为之。当时，无论是伦理学教研室，还是哲学教研室，都面临一个令人困惑的问题：市场经济起来了，哲学有什么价值？用八个字来描述哲学专业当时的困境，即"经济繁荣，哲学贫困"。这句话有两层意思：一层是说，当时的哲学系是最穷的，要留住人才很困难。其他院系都有奖金，有额外收入，但哲学系没有。另一层含义则是说，经济学成了"显学"，大家都报考经济学，哲学则被边缘化了，成了门庭冷落的学科。那几年我们系招收的研究生都是专科学历的，本科学历的一个都招不到。不仅如此，每年招生的时候，用报纸上的话就是，哲学系的招生咨询点可以用"门可罗雀"四字来形容。可以说，当时社会上的论调就是如此。因此，我们系的很多老师都在思考：无论搞市场经济还是别的什么，我们哲学、伦理学都应该想办法保有它的一席之地，社会发展不能缺少哲学。

　　刚开始，有老师想做管理哲学，从应用哲学的角度去谈论问题；我是从事外国哲学研究的，所以想着要从哲学史、思想史本身去考察。随着我的研究逐渐深入，居然发现西方市场经济的兴起恰恰是在哲学、伦理学非常繁荣的时代。此外我还发现，经济学其实就是从哲学里分化出来的。政治经济学属于广义上的道德哲学，其下有政治哲学，而从政治哲学中又进一步分出了政治经济学。一个很典型的例子可以说明这一点：到1900年，英国大学里经济学专业的学生们拿的学位一直都是伦理学。可以说，尽管经济学从哲学中独立出去了，但其方法论、伦理前提和价值前提都是源自哲学的。

于是，我从这个方向出发，沿着以上对哲学与经济学关系的理解，开始尝试提出概念并以此为工具进行思考：随着经济研究的兴起，经济伦理研究理应与之相匹配。经济伦理有两条进路，其中一条是研究经济活动中的道德规则、行为规范。相应地，哲学也有两条进路，其中一条是用哲学原理分析经济问题，例如分析经济活动中的辩证关系。因此，也有人把经济哲学称为应用哲学。而我们做的，则恰好是倒过来，要做"经济学的哲学"——各种经济学说都有哲学前提，而我要做的就是把这些前提找出来。

当时我做这项研究时，心里一直憋着一股气，其中很重要的一点就是因为"经济学帝国主义"。虽然这个概念不是中国人首创的，却逐渐在中国流行了起来。他们假设，经济学可以解释所有的社会问题，甚至可以解释动物界、生物界的问题。其结果无非是经济学统治一切，那还有哲学的位置吗？所以，我就想给每一种经济学理论找到它的方法论，找到其对经济制度合法性在伦理学意义上的辩护，而这些都来自哲学。

当然，除了时代的关切外，我的另一个出发点来源于自己的理论兴趣。按照我年轻时学的政治经济学的观点，社会主义是没有市场经济的，那么我们现在要搞市场经济是否可行？如果可行又会如何，又需要如何做？这些问题在当时都没有人研究过，但又是不得不去思考的问题。在我看来，这些问题正是我们当前无法避免的——如果连我们自己都搞不清这一点，那我们还谈什么建设社会主义？特别是对于我们这些从事理论研究的人，如果自己都搞不清楚，那我们跟别人谈的理论不就成了胡说，成了欺骗？哲学研究，最起码的，是要说服自己，说出几分道理来。

围绕着上述想法，我开展了一系列研究，涉及经济学、伦理学与哲学之间的关系：为什么一个经济体制、一种经济制度不能单纯地追求效率？除了因为不愿满足于效率外，还要在伦理上、道义上找到它的合法性。这种"寻找"不仅仅是个学理问题，因为在现实的实践过程中，当我们要采取具体措施的时候，必须同时考虑这种措施在伦理、道义等方面的效果。

当然，经济体制发生变化后，我们的生活也发生了翻天覆地的变化。我听一些专门研究中国乡村问题的学者们提到，几千年没有改变的中国农村生活生产经营方式被市场经济冲破。相应地，人们的道德观念、人伦关系等方面也出现了新的问题。所以，我撰写的这篇文章，在当时能够做的只有提出问题让大家去研究。这篇文章最初是入选了全国第三次邓小平建设有中国特色社会主义理论研讨会，后来被多次转载，《人民日报》也摘录了一部分。这个问题，从后续发展来看，从历史进程来看，有两点要进一步加以说明：一是始终要着眼于问题，进行研究；二是要想证明市场经济优越，或者想要推断引导市场经济向什么方面前进，虽然要讲效率，但是也不能只讲效率。此外，还有对于公平正义的追求，关注精神文明建设等问题，不能片面地追求市场效率而放弃这些。我提出的这个问题和后来社会各界意识到并提出的问题是相关切的，看来大家都想到一块儿去了。

余涛：您刚才提到了"公平正义"话题，让我想起，时下政治哲学方面的热点问题就包括"公平"和"正义"。我个人对此也比较感兴趣，您能接着聊聊这方面的研究吗？

赵修义：进入21世纪以后，"公平"和"正义"的问题就比较突出了。二者作为价值目标，是我一直在研究的。这项研究还是借助系里的研究基地，汇集上海乃至全国的人才，从多种学科、多个角度出发，最终得出综合性的研究成果，发表了一些文章。党的十八大以后，中共中央办公厅看到了我们以前写的简报，于是要求我们综合地做一个报告。现在大家熟知的一些理念，例如纳入社会主义核心价值观的"公平""正义"，当时是我们首先非常明确地提出来的。我退休以后还做出来一些成果。

余涛：您提到要用哲学作为理论武器，从思想层面为体制改革后的市场经济找到理论前提，并以此对抗"经济学帝国主义"，让人受益匪浅，也让我对马克思提到的"改变世界"好像有了更深一层的认识。我注意到，您刚才特别提到除了时代的问题外，还有一层理论的要求。作为一名哲学专业的学生，我想特别请教您，"理论兴趣"具体作何解释？更进一步，请您就哲学作为一门专业学科的特质和我们多谈谈吧。

赵修义：关于"理论兴趣"，我想到的首先是恩格斯在《路德维希·费尔巴哈和德国古典哲学的终结》中的一段话，他提到"那种旧有的在理论上毫无顾忌的精神已随着古典哲学完全消失了；起而代之的是没有头脑的折衷主义，是对职位和收入的担忧，直到极其卑劣的向上爬的思想。这种科学的官方代表都变成毫无掩饰的资产阶级的和现存国家的玄想家，但这已经是在资产阶级和现存国家同工人阶级公开敌对的时代了"①。

所谓"理论兴趣"，就是"那种不管所得成果在实践上是否能实现，不管它是否违反警章都照样致力于纯粹科学研究的兴趣"，就是"在理论上毫无顾忌的精神"。与此对立的，就是把思辨"移到了交易所"，就是对于投机取利的兴趣，就是"没有头脑的折衷主义，是对职位和收入的担忧，直到极其卑劣的向上爬的思想"。②

说到这里，恩格斯这段话还有两层意思：一者，德国古典哲学的精神也就是近代西方传统的人文精神，最核心的就是这种理论兴趣；另一者，工人阶级是人文精神最有希望的继承者，或者更确切地说，马克思主义就是这种精神的继承者。不仅如此，由于"科学越是毫无顾忌和大公无私，它就越符合工人的利益和愿望"③。只有工人阶级，只有马克思主义才能真正地持久地保持和发扬这种伟大的"理论兴趣"。也就是说，对于马克思主义者来说，更需要具有这种"理论兴趣"。就此而论，所谓"理论兴趣"是与传统人文精神一脉相承的哲学社会科学的职业精神。

学哲学是扩大眼界、提高见识的好办法。至于哲学专业的特

---

① 《马克思恩格斯选集》第四卷，人民出版社 1995 年版，第 258 页。
② 同上。
③ 同上。

质，每一门学科都有它的一技之长，而哲学专业最有特色的是严密的逻辑思维。哲学讲究论证，讲究质疑各种观点、学说，并展开辨析。恩格斯就指出："一个民族要想登上科学的高峰，究竟是不能离开理论思维的。"[1] 提高理论思维的办法就是学习过往的哲学。一旦离开逻辑思维，哪有什么理论思维？我们说，哲学是非常注重逻辑的学科，十分强调逻辑思维、说理的重要性，这也是使得哲学能够独立于其他学科的独特品格之所在。思想的深邃、逻辑的严密，这两点也是我们师大哲学系在人才培养的时候非常注重的。

余涛：您提到我们系培养人才的两个关注点是思想的深邃、逻辑的严密，能否也请您谈谈我系的特色？

赵修义：华东师大哲学系能够发展到今天，在学界有一席之地，在我看来，关键是有自己独特的哲学传统。"哲学作为时代精神的精华"是我们坚持的基本取向，也是冯契先生对中国哲学史的总结，尤其是对近代中国哲学革命经验教训的总结。围绕"中国向何处去的问题"，冯先生总结了古今中西之争的经验教训，在此基础上建立了智慧学——广义认识论的哲学思想体系，这是我们系的镇系之宝，也是我们必须珍惜的优良传统。

余涛：您从北大毕业以后就来华东师大工作，一直到退休，

---

① 《马克思恩格斯选集》第四卷，人民出版社 1995 年版，第 285 页。

可以说见证了师大哲学系这些年的发展。请您回忆一下，学校和哲学系这些年有哪些人和事令您印象深刻？

赵修义：我记得自己刚来的时候，华东师大哲学系还只是政教系下的一个教研室，人数总共十几个，规模小，哲学的几个分支学科也没有系统地建立发展。当时唯一比较突出的就是逻辑学。我到教研室工作以后，系里才派教师去北大进修中国哲学史、西方哲学史。原先徐怀启先生也在教研室。可是 1964 年以前，徐怀启先生只能教授逻辑学。1964 年的学部会议召开之后，他才开始教授西方哲学史。

坦白说，我们这些教师原先的基础也不怎么样。当时的政教系，我们教研室的几个教师除了教授本科生的辩证唯物主义和历史唯物主义外，大部分都只能教授公共政治课。好在那时几位老先生眼光长远：冯先生尽管当时人事关系已在上海社科院，却始终心系这里。还有徐怀启先生，他是哈佛的神学博士，除英文外，还精通希腊文、拉丁文和德文。改革开放以前，他有些事情做不了，就专心买书。全靠他的努力，我们学校图书馆哲学类外文图书和外文杂志的数量在整个上海市也是有名的。复旦大学的张汝伦教授写论文的时候就跑到我们资料室去查找复印。

老先生们很早就想着要把哲学这门学科在师大发展起来。"文化大革命"结束后，冯先生和我们教研室的主任曾乐山先生以及丁祯彦老师拟定了一个很宏大的发展规划，中国哲学作为师大第一批博士点建成，后来逻辑学、伦理学等都相继有了博士点。

到了 1986 年，政教系的学科太多了，哲学系抓住机会就分出去了。我常常开玩笑说，这个机会是个矛盾——既是生逢其时，又是生不逢时。为什么说生逢其时呢？因为那时候不成立哲学系，我们可能到现在还是个不让招生的哲学所。为什么说生不逢时呢？因为我之前提到的那个"经济繁荣，哲学贫困"的时代已经来临，我们不得不面对很多对哲学学科发展不利的情况。我们 1984 年至 1987 年招来的学生都很好，结果到 1988 年不让招生了。最后还是彭老师开了一个"新疆班"，从民族学院招了一批新疆学生。又有汪海萍老师，坚持把这批新疆同学带到毕业。后来像晋荣东他们这几届，招生都不到十人。当时，独立成系对我们而言实在是太艰难了，没有学校的财政支持，经费是借的，甚至连考试用纸都是跟别人"吵架"抢来的，合办的创收班连改善教师生活的余钱都没有。我们当时的师资队伍也不稳定，青年教师坚持教学和研究还会被人嘲笑。但我们还是咬牙坚持下来了。我想，能度过这个艰难的阶段得益于我们系良好的学术氛围。应该说，我们这个系能够在困境中慢慢成长起来，靠的就是这个共同体。这也算是我们系比较好的一个传统。郁振华研究认识论的时候，提出创新容易出现在有传统的地方。那什么叫"有传统的地方"？这里的"传统"就是学术传统，而要形成学术传统，是很不容易的。

有传统的学术共同体有什么特点呢？首先是有学术带头人，像冯契先生作为这个共同体的学术带头人，慢慢地把各个学科都带起来了。自从有了这个共同体，我们慢慢地把学术传统向上追溯到 1949 年以前。郁振华有个说法，哲学系有北大观念论、清华实在论和延安唯物论这样几股传统。冯先生延续了清华实在论；后来系里把延安唯物论的传统接续上，即引进了伦理学的周原冰先生，他是延安唯物论的传承人。这样，我们系相当于找到了自己的学术传统，各个学科可以围绕这个传统做工作，进一步就形成了学术研究的氛围。因此，我们系各个学科之间没有门户之见，这很有意思。就像郁振华，他硕士读的是中西哲学比较，我和丁祯彦两个人带他；博士读的是中国哲学。毕业以后，他在西方哲学教研室任教，从古希腊哲学一直讲到现代哲学；讲完了，又到挪威去，拿了个"洋博士"。大家虽然分属各个教研室，但也都同属一个学术共同体。像童世骏当时读的是辩证唯物主义，他也搞认识论。后来我们系争取到了出国进修的名额，他去了挪威。他也是马哲、西哲都通，如果不是在一个共同体，学科界限很分明的话，这种情况是不可能发生的。

余涛：在中国知网中检索，我发现您不仅在经济学领域有研究，还有关于道德建设研究的成果，如关于"文化自信""创新"等主题的文章。对此，我想问问您，为什么这几年开始关注"文化与创新"？作为新时期的青年，我们如何真正做到文化自信？

赵修义：在这些方面研究，我做过一些，但没那么多，至少创新不是我思考的重点。创新，无论技术创新还是企业的创新，它的特点都是"颠覆性"。我曾看过一个生动的例子：原来的"冰箱"，不过是一个木盒子里面放一块冰；后来冰箱用电了，就把原来的给颠覆了。手机也是如此，把固定电话给颠覆了。照相机亦是，除了专业人士需要，一般人也不会去买。如果将这种"创新"运用到文化领域，可行吗？因此，把文化和创新结合，我没有什么思考，也谈不出什么。

至于你谈到文化的问题，比如文化自信、文化自觉，最早是费孝通提出的。在我看来，"自觉"包含两个方面：不仅要意识到自己文化的重要，更重要的是意识到自身的缺点，否则是没有办法做到文明互鉴的。对于世界上优秀的文明文化，我们需要秉持实事求是的态度，不贬低自己，不乞求他人，不忽视缺陷，亦不吝啬自豪，才是真正的文化自信。我们要站在"中国文明如何为世界文明作贡献"这样一个更高远的角度去看待问题。

余涛：最后还想请您谈谈对国家的理解。

赵修义：要理解一个国家无疑是一件很难的事情，就我们个人而言，甚至就一个民族而言，要认识自己是不容易的。中国这么大，内部差异也大，历史悠久，个人想要理解中国是很不容易的，只能把"理解"作为一个动态的目标。回看我自己的大学经历，学校会请专家来给我们作报告，有些报告涉及当时很多重要事件，这属于"理解中国"。比如刚进大学时，马寅初校长请来农业部部长，给我们讲中国的农村和农业问题，这就属于"理解中国"。

当然，我们这代人还有一些特殊经历，那就是我们花了特别多的时间，去阅读社会这本大书。大学期间，我们在农村待过，在工厂待过，这给我的感受就是：中国很大，各地的差异、城乡的差别远比我们想象中要大。所以，要理解一个国家是很不容易的。社会这本大书自然要读，但要读懂绝非易事。我们到过农村和工厂，走过南闯过北，也不敢说自己就已经理解了中国。

回头看中国这些年的发展，我们会觉得中国人了不起，能够从这样曲折的发展中挺过来。换言之，不是因为我们多有能力，而是因为我们多有韧劲。所以，看待问题得全面，不能单单看成绩，过程也很重要。只有了解了过程，遇到问题才能知道怎么解决。

余涛：非常感谢赵老师精彩的讲述，让我们受益匪浅。祝赵老师身体健康，阖家幸福！

悼家范

在这个阴云密布的时节，传来了家范兄离世的噩耗。学界失去了一位大家，我则失去了一位挚友，不禁扼腕。回想起我俩老来的交往，家范为人为学之风范，令人感慨系之。

退休之前，我对家范是久闻大名，但只有一面之交。退休之后，我俩交往反倒逐渐密切起来。机缘有二。其一，奚洁人同志在华东师大教育系首创"领导教育"专业的博士点，邀我和家范一起给博士生开课。他讲"贞观治要"，我讲"西方现当代哲学"，有缘相交。其二，《探索与争鸣》杂志设置了"圆桌会议"专栏，经常提出一些有意义但又未及被公众关注的话题。好几次"圆桌"，我俩一起出席，印象最深的有两次：一次是讨论小城镇的保存与发展，地点设在复旦大学沈渭滨教授的居所；另一次讨论水资源的重要性，家范出身于江南小镇，有切身体验，对江南的历史有精到的研究、独到的见解，令人敬佩。有一年，《探索与争鸣》杂志社组织一批学者去衢州南孔庙，拜访主持者——孔子的后裔。其间，我和家范等人一起合影，不知是谁问起各人年龄，突然发现我与家范同庚，1938 年出生，均属虎，亲近感又增添一分。老虎在民俗中经常用来称赞男孩，如"虎头虎脑""虎虎有生气"。在同家范的多年交往中，我深感他的为人为学都体现着这股强劲的生气。

家范身材矮小，老年患足疾，行动不便。然而，这困不住

169

他顽强的生命力。学术界的活动他都拄着拐杖积极参与，一根不够，就双手支着两根行走，还购置了一辆高档的代步车，戏称"宝马"。有一次，他约我一起与有鬼君到双子塔相聚，等了许久，从不迟到的他还未露面，我们就下楼去迎候，原来是"宝马"进门时出了点故障，他正奋力推车。我开始心里有点埋怨，为什么不打个电话寻求帮助，让我们久等，后来才理解，他待人处事从不想给人添麻烦。有一次，我去他家里拜访，无意中聊起钟点工，便问之。他说，老伴不喜欢外人待在家里。我问，老太太病重的时候，怎么办？他说，我就背着她。

　　家范思想活跃，也喜欢交流。有一段时间，我和师兄朱贻庭经常同他一起喝茶、抽烟、聊天，有时在长风公园，有时就在丽娃河边，一坐几个小时。朱兄专治中国传统伦理思想，他俩共同的话题最多，讨论也相当深入。交谈的另一个主题就是现实生活中林林总总的各种现象。家范对社会的观察十分仔细，平时喜欢同贩夫走卒交谈，了解他们的生活状况和所思所想。他在微信上取名"乡下人"，寓意甚深，除了对故乡的怀念之外，还体现了他对平民百姓的关切。

　　对新技术的追求也是家范虎虎有生气的一个突出表现。苹果手机，他用的是最新的型号，名副其实的"果粉"一枚。他简陋的书房里，长条桌上并排放着两个电脑屏幕，一个查阅存放的各种文献资料，一个专用于写作。可以说，在同辈中，他是手机、电脑玩得最好的行家里手。

　　在学术上，家范是志存高远的史学家。正如《中国历史通论》书名所示，他主张治史要着眼"通"，"通古今之变"，既要"纵通"又要"横通"，以把准"历史的脉动"。为了实现这个目标，家范博览群书，许多西学的名著他都仔细研读。这也使得专治西学的我同他有许多共同的语言。正因为目标在于把准"历史的脉动"，所以他十分厌恶那种"应时主义者"，即善于看行情，从个人崇拜出发，去揣测领导意图，随意解释的人。但凡遇见这种情况，家范都会流露出不屑的表情，甚至会禁不住拍案而起。有一次，家范参加《大秦帝国》的新书发布会，质疑其中的观点和史实，被会议主持者打断，他就愤然离场而去。

正如我们哲学系的同仁施炎平教授所说，家范不仅史智、史识、史德了得，而且学问渊博，文史哲兼涉，所思所见有理有据，极具功力。他的史学专著不独创建迭现，还不时贯有哲学思考和概括评析，常闪现精彩文辞、妙言警语。事实上，家范的影响力早已跨出史学界，为人文学科的同仁所崇敬。2018 年，上海社科学界评奖时，学界同仁推举他入选"上海市哲学社会科学学术贡献奖"，当时我在现场，真心为他高兴。回到家里想赶紧打电话告诉他这个好消息，想不到的是他手机竟然关机了。几经周折才知道，他"上山"了——住进了华山医院。在"山"上，他除了在朋友圈里发一点资料照片之外，从不提及自己。等他下了"山"，终于在《探索与争鸣》主编叶祝第陪同下，我们在他住处附近的咖啡馆里得以相见。想不到的是，这竟然是我俩最后一次见面。

挚友离世，不胜悲戚。人生苦短，自己离生命的终点越来越近。若有天堂，愿有朝一日在天堂里再续友情。

志存高远的专业哲学家、真诚的马克思主义者
——怀念先哲冯契先生

冯契先生离开我们整整 20 年了，今年 ① 正值先生的百年诞辰，对先哲最好的纪念就是认真读他的著作。我自 1960 年初次见到冯先生，多年来一直在读先生的恢宏著述，百年之际就写点文字来怀念这位给了我们许多教诲的可敬的师长。冯先生的学问博大精深，冯先生的经历极其丰富，限于能力，我只能从在冯先生身边的一些亲历的事情说起，谈一点对冯先生和他的学问的感受。

"化理论为方法，化理论为德性"

初次见到冯先生是在 1960 年的秋天，那时我刚刚毕业分配到华东师范大学政教系哲学教研室任教。冯先生当时正集中精力编写哲学教科书，很少来校。初次见面是冯先生给教师和研究班的学员做《论持久战》的讲演。说来也巧，我在中学上历史课的时候，受到老师的启发，读过此书，大学期间又读过一遍，比较熟悉。一场演讲听下来，我立马为冯先生的精辟分析和严密的逻辑所折服。后来，我在迎接新年的聚会上又见到冯先生，听到他介绍编写教科书的情况，还有幸读到他让我们分享的几个不同版

---

① 指 2015 年。

本的教科书的文稿。当时他在我心中的印象就是一位资深的、有独到见解的马克思主义哲学家。

毕业前，我就知道，当时国家决定要编中国自己的马克思主义哲学教科书（此前只有苏联人编的教科书），在全国组织了六个编写组，冯先生被赋予华东本主编的重任，足见他在马克思主义理论界的学术地位。

我读了几个不同版本的教科书书稿，对冯先生又有了进一步的了解。当时印象最深的有两点：第一，冯先生主编的教科书，逻辑结构的起点放在"实践"概念上，这与我们以前读到的苏联教科书大不一样。苏联的教科书无非两类。一类是以斯大林在《联共（布）党史》四章二节的论述为蓝本，从辩证法说到唯物论，再把唯物论推广到历史领域，展开历史唯物主义。我在1955年初学辩证唯物主义的时候，在图书馆翻遍了所有翻译过来的教科书和在华苏联专家的讲稿，看到的都是这个套路，而且连引用的经典作家的语录、所举的例子都大同小异。另一类是米丁等人在20世纪二三十年代建立的架构，以"物质论"为起点，当时也被一些中国学者介绍过来了。斯大林去世之后，无论在苏联还是中国，倾向于后一类教科书体系的日渐增多。但是，以"实践"为起点，冯先生的书稿还是第一部。第二，书稿对"真理发展过程"的论述，区别了知识和意见，不再把真理发展的过程简单地归结为真理与错误之间的斗争，而将"不同意见之间的斗争"纳入视野，并做了细致的分析。比如，书稿提出："人们对于同一个对象、同一个问题，往往有不同的解释、不同的意见，这种事情极为平常，难道这会妨碍我们获得客观真理吗？"密切结合实际，按照矛盾的不同性质，采取不同的方式，来展开不同意见之间的斗争，正是我们揭露错误和辩明真理的正确途径。"[①] 在分析错误意见产生的原因时，书稿还指出，即使立场正确，由于片面性和表面性也会发表错误的意见，所以需要民主的讨论，需要坚持"百家争鸣、百花齐放"的方针。这些见解能回答 1950 年代中期之后实际生活中发生的许多问题，很有说服力。1961 年底，这一章节就以"申集"的笔名发表在《红旗》杂志上。我后来才知道，其中的一些基本观点，先生早在 1957 年出版的《怎样认识世界》一书中已经提出。

后来由于各种原因，冯先生编的教材没有出版。为了适应教学的需要，冯先生与南京大学的孙叔平等一起另外编了一本简明读本，由上海人民出版社出版，供公共政治课使用。这本教材我曾经教过多遍，直到"文化大革命"开始。

冯先生最后一次编写教材是在 1980 年代中后期。当时高校政治理论课改革，决定要设置涵盖哲学、政治经济学和科学社会主义的"马克思主义原理"课程。尽管当时先生年事已高，且担任了中国哲学史的博士生导师，又有自己的著述计划，但还是承担起了这一重任，领衔主编这本教材。先生在编完之后，在绪论部分为教材亲笔写下两段话："在当今世界上，没有别的学说像马克思主义那样，赢得了那么多人的赞成，又遭到了那么多人的

---

① 《冯契文集》第九卷，华东师范大学出版社 1997 年版，第 335 页。

反对，虽然赞成者和反对者未必全都真正理解它。……马克思主义不能强加于人，只有在理解的基础上，在自由讨论中经过比较，作出肯定的选择，才可说是真正赞成它。编写者期望，本书的阐述能给赞成者提供有说服力的论据，也给反对者的论点以适当的辩驳，使怀疑者能经过比较而解除疑惑。"① 这两段话，既是先生接受马克思主义的亲身经历的概括，又体现了他对理论教育独特的思考。

怎么进行马克思主义理论教育，使之符合马克思主义的秉性？怎么使得马克思主义理论真正为群众所掌握？其实，这是冯先生一生都在思考的问题。1950 年代，先生就提出了"化理论为方法，化理论为德性"，用以勉励学生。我到华东师大工作之时，这句话已经成为许多师生的座右铭了，现在悬挂在华东师大的校园里，勉励着一代又一代莘莘学子，经久不衰。1994 年，他给《民主革命时期马克思主义在上海的传播（1898—1949）》写序，提出了一个非常尖锐也是非常有现实针对性的问题。"为什么自'五四'至三四十年代，上海对马克思主义的传播能有那么大的贡献？这是个值得深思的问题。当时上海的马克思主义者，既没有掌握政治权力，也缺乏经济力量作后盾，而马克思主义的传播却势如破竹，在历次论战中接连取得胜利，迅速渗透到各个学术文化领域，并为广大群众所接受。这是靠的什么力量呢？"② 先生

① 冯契主编：《马克思主义原理教程》，上海人民出版社 1988 年版，第 1 页。
② 周子东、傅绍昌、杨雪芳、都培炎编著：《民主革命时期马克思主义在上海的传播（1898—1949）》，上海社会科学院出版社 1994 年版，第 2 页。

的答案是："不是别的，主要是靠理论和掌握理论的人本身。"① 序的结尾处，先生写道："在改革、开放和建设社会主义市场经济的过程中，上海的面貌正日新月异地改变，马克思主义正面临许多新问题要求回答。但以史为鉴仍是重要的，理论要通过自由争鸣来发展，要凭理论本身的力量来说服人，要凭理论家的人格力量来感染人……"② 这里先生把马克思《〈黑格尔法哲学批判〉导言》提出的著名的命题——"消灭哲学"和"实现哲学"，依据新的历史经验作出三点发挥：第一，新问题层出不穷，理论要不断发展；第二，理论需要通过自由争鸣来发展；第三，理论不仅要说服人，而且要凭掌握理论的人（包括理论家和理论的宣传者）的人格力量来感染人。

"述往事，思来者，通其道"

如果说冯先生最初给我留下的印象是一位有独到见解的马克思主义理论家、教育家，那么实际上他还是一位哲学史家。这一段时期，冯先生除了给研究生讲授"逻辑思维辩证法"之外，还在撰写中国哲学史的著作。冯先生发表了多篇中国哲学史的论文，在设立博士点的时候，首先选择的是中国哲学史的学位点。冯先生经常说，哲学是哲学史的总结，哲学史是哲学的展开，哲学史研究有助于哲学问题的探索。

---

① 周子东、傅绍昌、杨雪芳、都培炎编著：《民主革命时期马克思主义在上海的传播（1898—1949）》，上海社会科学院出版社 1994 年版，第 2 页。
② 同上，第 3 页。

冯先生于 1989 年 8 月出版了《中国近代哲学的革命进程》一书，"后记"一段充满深情的话语吸引了我。"我的前半生是在民主革命时期度过的，在那如火如荼的革命岁月中，许多进步思想家用鲜血、用生命写下了哲学的诗篇，曾使我深受感动和鼓舞。在这时期从事哲学的知名学者中，还包括有我曾亲聆教诲的老师。我对这一逝去的历史时代的思想家们是精神相通、血脉相连，有着特别的亲密关系和亲切之感的。"[①] "因亲切而生同情的了解，而哲学的意蕴（意义和意味），正是要有同情的了解才能充分揭示出来。所以，我把写作本书看作是我的不容推卸的责任。"[②] 阅读冯先生带着深厚的情感写成的这部著作，我时时感受着他的心路历程，逐渐走进了他的内心世界。

冯先生考进清华大学之后，有幸得到了那个时代中国最有学问的哲学家金岳霖、冯友兰等面对面的指导，很快就进入了专业哲学的殿堂，这是他从事哲学事业的起点。抗日战争的烽火，让这位从中学时期就怀有强烈爱国情怀的青年，投身于一二·九运动之中。在抗日民主运动中，先生开始接触马克思主义哲学著作。先生最初的阅读是相当广泛的，既有中国学者李达、艾思奇研究马克思主义哲学的著述，也有苏联学者的著述，还读了马恩列原著的英文本。然而，后来先生说："最使我心悦诚服的，是

---

① 冯契：《中国近代哲学的革命进程》，上海人民出版社 1989 年版，第 599 页。
② 同上，第 599—600 页。

在抗战期间读毛泽东的《论持久战》和《新民主主义论》。"[①] 前者运用辩证逻辑，指明了中国赢得抗战胜利的必然进程；后者站在能动的革命的反映论的高度，指明了中国民主革命的正确道路。与一般的读者不同，冯先生是在山西抗战前线读《论持久战》的。这篇文章给前线战士带来的兴奋和所起的解放思想的作用是没有亲身经历的人难以体验到的。《新民主主义论》发表的时候，先生正在知识精英会聚的西南联大。关心国家命运的知识精英一直为"中国向何处去？"的问题所困惑，而《新民主主义论》对这个问题作了一个历史的总结，从而"使得许多疑问、困惑迎刃而解"[②]。有志于成为专业哲学家的冯先生还从中找到了自己哲学之路的方向。他回忆说："毛泽东的著作回答了现实中面临的迫切问题，所以他的著作中所包含的哲学即对能动的革命的反映论和辩证逻辑的阐发使我觉得很亲切，也使我感到真正要搞哲学，就应该沿着辩证唯物论的路子前进。"[③] 读到这些，我常常想，冯先生这一代许多人以亲身的经历，经过比较鉴别，走上马克思主义哲学道路，而我们这些 1950 年代开始学习马克思主义哲学的人就缺少这样的体验，这是一个很大的弱点。我们受到的教育，由于特定的历史条件，学养不足，缺乏专业的严格训练，必须有自知之明，要更加虚心、更加努力地向先贤学习。

---

① 《冯契文集》第一卷，华东师范大学出版社 1997 年版，第 14 页。
② 同上，第 15 页。
③ 同上，第 16 页。

　　细读了《中国近代哲学的革命进程》全书，一个最大的感受是，冯先生围绕着"中国向何处去？"这一时代问题，全面地梳理和总结了近代哲学的革命进程、马克思主义中国化的进程，并从哲学上总结了成功的经验和存在的不足。尤其使我敬佩的是，此书的研究范畴虽然止于1949年，但是先生对这段历史经验教训的总结却包含着对1949年之后历史深刻的哲学反思，是站在一个新的历史高度作出的反思和总结。比如书中对近代先进的思想家如何从反对独断论和虚无主义最后走向能动的革命的反映论的总结，强调有了能动的革命的反映论"并不等于万事大吉了"，"经学的独断论（以及虚无主义）的思想影响是非常顽固，并且像变色龙那样善于变换色彩的"，"同它们进行韧性的战斗，仍然是很艰巨的任务"。① 冯先生曾经多次和我们谈到，从哲学上看，"文化大革命"的一个教训就是"变相的经学独断论"，后来发生的信仰危机（也就是虚无主义）就是独断论破灭之后的产物。独断论和虚无主义往往是互补的。

　　至于冯先生更高的立意，我是近来读了他的书信才领会的。1992年的一封信中，先生写下了这样的字句："我们这代人是历史的见证人，……著作，是为'述往事，思来者'以'通其道'，所以必须对民族的过去、现在和未来有一系统的看法。"②"我们要为下一代的人写作……"③ 冯先生预计"下一代人将是富于批判精

---

① 《冯契文集》第七卷，华东师范大学出版社1997年版，第693页。
② 《冯契文集》第十卷，华东师范大学出版社1997年版，第369页。
③ 同上，第369—370页。

神的"①。先生以其穿透历史的洞察力，对未来的走向做了这样一个预判："1949 年以来，我们经历了一个以阶级斗争为纲的变相的经学时代，然后大概可说是一个实用主义盛行的时代。到世纪之交，时代意识的特点将是什么呢？大概还不能期望很高，能够像王充那样'疾虚妄'，从多方面来作深入的自我批判，那就很好了，那就说明我们的民族是很有希望的。"②先生在留存的最后一封书信的结尾处写道："我几次讲到世纪之交中国可能进入自我批判与'反思'阶段（王元化大概也是这个用法），这是期望。系统地从各个方面来进行'反思'，是下一代人的事情。我们若能开个头，那就尽了历史的责任了。"③

　　先生在对中国哲学史的总结和他的"智慧说"三篇中，都进行了全面系统的反思，以便在新的历史时代从精神上、文化上进一步探明"中国向何处去？"这一时代问题。作为后学，我们该如何作为？这是学习先生哲学思想的时候务必深思的问题。

"我们正面临着世界性的百家争鸣"

　　在完成了两部哲学史著作之后，冯先生就集中精力于原创性的哲学体系——"智慧说"的构建。知识和智慧的关系问题是冯先生"智慧说"的核心问题。1940 年代，他在昆明清华文科研究所读研究生时就关注了这个问题，并在其硕士论文《智慧》

---

① 《冯契文集》第十卷，华东师范大学出版社 1997 年版，第 370 页。
② 同上，第 369 页。
③ 同上，第 376 页。

一文中作了初步探索。1949 年以后，特别是新时期以来，他在实践唯物主义辩证法的基础上，阐明了由无知到知识、由知识到智慧的认识过程，写成《认识世界和认识自己》一书，提出了"广义认识论"这一理论，并按"化理论为方法，化理论为德性"的结构原则，写成《逻辑思维的辩证法》和《人的自由和真善美》两书，建构起了"智慧说"的哲学体系。先生所说的"广义认识论"越出了以往的狭义认识论的界限，以此为基础论述了方法论和价值论、本体论等诸多问题。诚如许全兴先生所说，"智慧说"是中国专业哲学家建构的第一个中国化马克思主义哲学的逻辑体系，是 1990 年代中国化马克思主义哲学的新形态，同时也是中国传统哲学现代化的重大进展。我要补充的是，冯先生建构的这个哲学体系大概是 20 世纪下半期中国哲学家中少有的在国际上引起反响、有能力参与国际范围百家争鸣的哲学体系。

诚然，冯先生最关注的是从哲学上回答"中国向何处去？"的问题，但是在他看来，要回答这一问题，就必须贯通中西。既要"接着讲"中国的哲学传统（包括近代传统），又要与西方哲学"比着讲"，要自由地出入中西哲学，对西方哲学尤其要进得去、出得来，目标则是"会通以求超胜"。所以，先生对于西方哲学一直是非常重视的，而且有丰厚的学养。

一段时期里，人们认为冯先生是一位中国哲学的专家，可是我从同冯先生的交往中却感到他对西方哲学不仅十分重视，而且还非常熟悉。1980 年，我刚刚受命开设现代西方哲学的课程，去南京大学夏基松先生那里进修。其间，北京大学的洪谦先生邀请

维也纳学派成员、挪威科学院院士阿恩·奈斯来华访问。奈斯来
上海最重要的一件事就是与冯先生见面交流。我得到消息后就赶
回上海旁听。令我非常意外的是，两位哲学家在锦江小礼堂，从
上午九点一直谈到下午五点，交流得非常深入。听得出，冯先生
对于 1950 年代之前西方哲学是熟稔于心的。比如，对逻辑实证
主义，冯先生向奈斯主要问询的是维也纳学派后续的学术走向和
代表人物的情况；对存在主义，两人探究的主要是存在主义在二
战后何以会在西方流行，又何以会在 1980 年代的中国成为显学。

冯先生对西方哲学的熟稔还可以从其他方面看出。比如，在
徐怀启先生去世之后，先生立即交代我要承担起徐先生做的采购
外文图书的工作。1980 年代初正好有两笔专款下来，我向冯先生
汇报之后，他非常具体地做出指导，哪些学派、哪些人物、哪些
著作必须配齐，优先顺序如何排列，都一一加以指点。

冯先生何以会如此熟稔？看了他后来的回忆才知道，冯先
生在进西南联大清华文科研究院的时候，就给自己开列了从古
希腊到逻辑实证论的书单。他埋头攻读，又在金岳霖先生的门
下精读了休谟等人的原著。而他之所以会把知识和智慧的关系
作为他毕生破解的难题，也发端于他对 20 世纪以来西方哲学的
总态势——科学主义和人文主义、实证主义和非理性主义对立凸
显——的把握，以及对这种态势与"五四"之后中国学界的重大
争议（如王国维所谓"可爱与可信"的矛盾、中西文化论战、科
学与玄学的论战）间内在关联的洞察。后来他曾经写道："五四"
之后，中国各个哲学学派之间的论争"就像西方后黑格尔时代的

再版"。而他的愿望就是经由"通过—超过—通过"来寻求问题的答案，为中国哲学进入"会通以求超胜"的境界开个好头。

冯先生晚年耗尽心力，构建"智慧说"体系，不仅是为了了却从青年时代就怀有的心愿，还饱含了对时代变迁的敏锐观察，以及对中国哲学在新时期面临的使命的感悟。1993 年，我和童世骏完成了《马克思恩格斯同时代的西方哲学》的写作，请冯先生审读并作序。冯先生细读了近 50 万字的书稿之后写了一篇序文，结尾处提出了一个非常重要的论断："应该说，我们正面临着世界性的百家争鸣。"①

在论述这个结论时，他写道："谈到当代，便必须面向世界。从经济上说，世界市场早已形成，中国正在努力与世界市场接轨。正是由于形成了世界市场，如《共产党宣言》所说，'……各民族的精神产品成了公共的财产。'(《马克思恩格斯选集》第一卷，第 255 页）科学、艺术、文学、哲学等都逐渐由民族独享的发展成为世界共享的财富。当然，这要经历相当长的演变过程，而且不同领域各有其特点。一般说来，自然科学已经超越民族界限；而涉及人文领域，则要求各民族既能保持和发扬其民族传统，又能克服其民族的局限性，所以问题比较复杂。中国哲学正在走向世界，当然也遇到这个复杂问题。所谓世界哲学，是在东西方各民族的哲学互相学习、互相影响、经过比较而彼此会通的过程中形成的。如何使中国哲学能发扬其传统的民族特色，并会

---

① 赵修义、童世骏：《马克思恩格斯同时代的西方哲学——以问题为中心的断代哲学史》，华东师范大学出版社 1994 年版，序 Ⅵ。

通中外而使之成为世界哲学的重要组成部分，作出无愧于先哲的贡献？这是当代海内外许多中国学者在共同考虑的重大问题。"①

尽管在给友人的最后一封信中，先生自谦"个人能做的贡献，实在很有限"，但先生所建立的体系，确确实实为中国哲学走向世界做出了实实在在的贡献。"智慧说"在国际上引起了关注，并产生越来越大的国际影响，成为"中国文化走出去"的重要组成部分。据我的同事郁振华教授介绍，美国斯坦福大学著名汉学家墨子刻（Thomas Metzger）在其著作和讲演中多次提到冯先生及其学生的工作；斯洛文尼亚学者罗亚娜（Jana Rosker）在其著作中专章讨论了冯先生的"广义认识论"；日本学者樋口胜（Higuchi Masaru）多年来致力于冯契哲学研究，将"智慧说"与池田大作、牧口常三郎的思想作比较；美籍华裔学者林同奇在为《中国哲学百科全书》（Encyclopedia of Chinese Philosophy）撰写的词条里讨论了冯契哲学。此外，不少学者在国外著名刊物上撰文讨论冯契哲学，越来越多的国外学者表现出了对冯契哲学体系的兴趣。冯先生的学说参与着世界性的百家争鸣。想来，这绝非偶然。精通外国哲学史的尹大贻教授曾著文说："智慧说是世纪之交的哲学的第一个体系，它是西方与中国知识与智慧学说的新的总结。"② 冯先生的"智慧说"是从改造康德的哲学出发的，克

---

① 赵修义、童世骏：《马克思恩格斯同时代的西方哲学——以问题为中心的断代哲学史》，华东师范大学出版社 1994 年版，序 V。
② 尹大贻：《智慧说——世纪之交的哲学体系》，华东师范大学哲学系编：《理论、方法和德性——纪念冯契》，学林出版社 1996 年版，第 97 页。

服了康德的不可知论，对"理智直观"作出新的解释，说明了它在知识到智慧中的作用，还改造了康德的"自我"概念。不仅如此，"智慧说"对20世纪西方出现的各式各样的哲学终结论提出的问题作出了回应。①此外，冯先生基于中西会通的学养，善于用西方哲学家易于理解的专业语言来表述中国哲学家独创的观点，可能也是重要的原因之一。

冯先生毕生没有迈出国门，仅有的一次，行装都打点好了，却无法成行。冯先生在晚年创立中西文化和哲学比较研究会，搭建平台，紧紧抓住各种机会邀请境外学者来校交流，林毓生、杜维明、成中英、安乐哲、星云大师、张尚德、希尔贝克等都曾与冯先生有过面对面的学术交流。如今冯先生的弟子们大步走出国门，与世界一流的哲学家（如哈贝马斯、罗蒂、诺齐克等）直接对话，并向他们介绍先生的学说。冯先生的夙愿——中国哲学家参与世界性的百家争鸣——正在实现，而且参与领域必将会进一步扩大。

真诚的理想是"人的尊严所在"

从偏僻的山坳走向世界，冯先生走得很辛苦、很坎坷。读着他的书，我一直在想，冯先生为什么能如此坚毅？"文化大革命"中，他的全部手稿笔记被毁得一干二净。"文化大革命"结束后，年届六十的冯先生为什么还能下定决心，耗尽心力完成煌

---

① 尹大贻：《智慧说——世纪之交的哲学体系》，华东师范大学哲学系编：《理论、方法和德性——纪念冯契》，学林出版社1996年版，第95—107页。

煌大著？冯先生很多独到的且后来被证明是正确的主张，曾受到过多次无端的批判，晚年却坚持"阵地战"，聚精会神地构建自己独创的哲学体系。"全民经商"大潮蓬勃兴起的时候，许多人在哀叹"经济繁荣，哲学贫困""哲学边缘化"，有的弃学经商，有的弃学从政，留下来的往往也心中狐疑、精力旁骛。冯先生却在给友人的信中说："当前全民经商热，文化学术大滑坡，……我讲了一点猜想，在世纪之交，中国可能进入'自我批判的时代'。……我以为，现在应该为迎接这个批判的时代的到来作准备。真正有生命力的著作，将是对 20 世纪作批判的总结的著作。"①

这样的定力，从何而来？我觉得可能就是冯先生非常强调的"真诚"二字。冯先生青年时代参加抗日民主运动，投身革命，信奉了马克思主义，毕生真诚地信奉和践行。苏联解体之时，他读到苏联作家法捷耶夫自杀前的一封信后，给一起投身革命的老友写道："法捷耶夫是绝望了，而我们并没有。""我扪心自问，共产主义信念并没有丧失。我还得出了一个结论：不论处境如何，始终保持心灵自由思考，是'爱智'者的本色；而根据我的良知思考，我还是肯定《共产党宣言》所说的'每个人的自由发展是一切人的自由发展的条件'的社会是人类的理想。"②

冯先生在写给当年战友的信中写道："我的学生说我始终是个理想主义者。这话大概不错。我确是想用我的著作来培养人

① 《冯契文集》第十卷，华东师范大学出版社 1997 年版，第 372 页。
② 同上，第 365 页。

的理想、信念、德性。"① 但历经磨难的先生对理想的理解已经不再像年轻的时候那样天真了。无怪乎，他接着用一大段文字来阐释一位历尽沧桑的老人对理想与现实关系的见解："现实走着自己的路，是个必然王国。人的理想面对着现实，往往被碰得粉碎，变成像流星那样，一闪即逝；或者算是实现了，却变了形，完全不是原来所想象的那样。原封不动地实现的理想是很难找到的。即使如此，人还是需要理想。这是人的尊严所在。人能按照自己的理想来改变世界和塑造自己，把自己同现实的必然性对立起来，因而难免陷入悲剧。但历史正是通过一幕幕悲剧前进的。"②

读到这里不禁想起了黑格尔的那段名言：同一句格言在一个饱经风霜、备受煎熬的老人嘴里说出来，和在一个天真可爱、未谙世事的孩子嘴里说出来，含义是不一样的。晚年冯先生对理想的理解是何其深刻。与黑格尔不同，冯先生对青年时代比较天真的理想，依然高度肯定。冯先生一直在怀念青年时代那些已经牺牲的战友，感念那位豁出性命保护过自己的陌生的小商人，常常感叹："历史是傻子们创造的，傻子们都未免单纯！"一定要歌颂这些天真的傻子、义侠之士。

诚然，每个人对理想的理解有深浅之分，但是理想是需要真诚地去对待的。现在报刊上经常在谈论理想信念，可是有多少人

---

① 《冯契文集》第十卷，华东师范大学出版社 1997 年版，第 363 页。
② 同上。

是真诚地对待理想的，却是一个问题。在有些人那里它只是说说而已的东西，实则口是心非。这种态度恰恰是冯先生最为厌恶的。先生在论述近代思想史的时候，非常赞赏鲁迅在分析国民性问题时对"做戏的虚无党"鞭辟入里的批判，认为随着封建专制制度的衰落，统治者及其奴才（包括那些御用文人）都成了"做戏的虚无党"。这种习惯势力是非常顽固的，即使在封建制度被推翻后依然存在，"它能使马克思主义也变成戏装，把独断论与虚无主义互相补充的腐朽传统乔装打扮，登台表演"[1]。"'文革'掀起个人崇拜的狂热，一小撮'居阴而为阳'的野心家、文痞趁此兴风作浪，终至造成了严重的'信仰危机'，正说明了这一点。"[2]

　　鉴于此，冯先生晚年在解释1950年代提出的"化理论为德性"的命题的时候，特别强调了"真诚"二字。"化理论为德性"是一个要克服异化现象、刻苦磨炼的过程，而其目标并不是像古人所说的那样成为圣人，关键是要"真诚地、锲而不舍地在言论、行动、社会交往中贯彻理论，以至习以成性，理论化为自己内在的德性，就成了自己的人格"[3]。这当然是非常不容易的，但"比较一贯地在心口如一、言行一致中体现化理论为德性的真诚，是能够做到的"[4]。

---

[1] 《冯契文集》第七卷，华东师范大学出版社1997年版，第712页。
[2] 同上。
[3] 《冯契文集》第一卷，华东师范大学出版社1997年版，第22页。
[4] 同上。

先生的一生，就是真诚地、锲而不舍地"化理论为德性"的一生，是后辈学习的榜样。

本文原刊于《毛泽东邓小平理论研究》2015 年第 9 期，本次出版有修订。

漫谈学术研究

我在华东师大哲学系工作了一辈子，这个学术共同体有比较好的学术传统，在其中我见过一些有学问的人，学到了一些东西，多年的教学经历也让我对学术研究有了一些心得，可以讲一点对学术研究的看法。因为只是一些看法、感想和心得而已，所以题为"漫谈"。漫谈也不能漫无边际，总得有个中心，我给自己出了三个环环相扣的题目：研究同教学、宣传、一般的写作有何区别？如何进入研究状态？如何提高研究能力？

学术研究到底是怎么一回事？

在中国当下的语境下，"研究"这个词用得比较宽泛，一些大的单位也有研究室，主要工作就是给领导起草发言稿和文件。还有不少单位考核中有一项叫科研成果，这就是以发表文章、出版著作甚至是获奖或立项来衡量，好像写文章就是研究。还有更奇怪的是，中学里都在开"研究型"的课程。总之，"研究"这个词是用得很烂了，反而把它的本意遮蔽了。

那么，什么算得上是严格意义上的研究呢？

我不敢下定义，就从自己的经历说起。我先分析一下教学、宣传和研究这三者各有什么特点。我的职业是教师，工作是教学。教学的功夫在于如何将已有的知识传授给学生，如何把学生领进这个学科、这个专业里，研究生的教学还需要带他们进入研究的状态；重点不在自己创造什么新的知识、新的观念、新的学说。宣传的要旨是把既有的东西传播出去，所以宣传是不怕重复的，而且是需要重复的。传播，手段可以变化，也需要一定程度的创造，但是就内容来讲，都是已有的或者是已经被规定的东西。当然，宣传真正要做得好也是非常不容易的，关键是要宣传自己相信的、自己觉得非常有道理或者是非常有心得的东西。其实，教学也是这样。但是，自己的心得和感悟并不等于学术的研究。

至于文章和著作，有的文章是宣传性的或者是教学性的（如教材的编写），也有的只是作者自己的感想或者一人之见而已。研究有了成果会体现为文章或著作，但是不能把写文章等同于研究本身，不能以文章的数量作为研究成果。马克思的《资本论》与他写《资本论》所做的研究，包括在研究过程中的笔记、手稿等都是不一样的东西。这就是一个最好的例证。

研究本身也是非常多样的，有做策论的，有做基础研究的，也有对实际情况做专门的实证性调查研究的，涉及的是"是什么""为什么""怎么做"，各不相同。共同的地方是什么呢？也许就是毛泽东说过的对人类作出贡献的"四个有所"：有所发现、有所发明、有所创造、有所前进。发现，可以是发现某种事实，也可以是发现某种规律。发明，就是要创造出一些人工的事物来，是前所未见的东西，或者是提出前所未见的观念、理论、政策、办法等。历史上最著名的发明家之一就是爱迪生，他有许许多多的发明。社会科学领域里也有这样的发明，像"包产到户"

就是一大发明。创造和前进都是要有新的东西做出来，无论是理论的还是实践的。现在"发现""发明"这类词用得很少了，流行的是"创新"，从科技创新到创新型国家的建设等。"创新"这个词原先是美国的经济学家熊彼特提出的，他所说的创新叫"破坏性创新"或者"创新性破坏"，是有严格的意义的，不是一般的发现、发明或者改进，而是要起到破坏原有的最基本的东西的创造。比如，用电冰箱取代用冰块冷冻物品的"老式冰箱"，用手机代替固定电话，等等。所以，真正的"创新"是非常难得的，在人类的历史上、科学技术的发展史上都是难得的。"四个有所"则是很多人经努力可以做到的，况且不是任何事情上都需要创新，创新也不等于创"好"。因为有的创新把原来"好"的东西破坏掉了，而"新"出来的未必是好东西。

我曾经接过一个创新课题，请了科技哲学和经济学的同行一起来做，但却不敢把成果出书，原因就是"科技的创新"和我们所说的"理论的创新"其实是两个不同的概念。个人电脑、手机、网络等称得上是真正意义上的创新，而我们在理论上是不能这样说的，理论在事实上没有带来那种像从大型计算机到个人电脑、到智能手机和平板电脑这样的革命性的变化。

总而言之，研究就是要自己做出独立的发现、发明或创造，至少要在前人工作基础上改进，而不是重复他人已经做过的事情、说他人已经说过的话、写他人已经写过的东西。总要有新的材料、新的见解或提出新的问题、新的学说等，而且这些都是靠自己的独立思考、独立研究做出来的。这才是研究。

陈寅恪先生说自己授课是"前人讲过的，我不讲；近人讲过的，我不讲；外国人讲过的，我不讲；我自己讲过的，也不讲。现在只讲未曾有人讲过的"。这对于大部分教师来说根本是做不到也不会这样做的。但是对于研究者来说，这是非常深刻、切中要害的，道出了研究的真谛。哲学界的一些前辈就提出过，无论是对外人还是前人，至少要做到"接着说""对着说"，说"他人之未说"，最高的境界就是领着别人说，否则还有什么研究可言呢？研究的前提是独立思考，这也是马克思学说的精髓。

中国学界在一段时期里由于种种原因，花大量的工夫在做"说他人如何说的事情"，有的就是介绍，似乎把某一个外国人、古人的东西介绍好就是大学问了。

研究还需努力去发现问题，寻求解决问题的途径和答案。所以，对于研究者来说，发现问题是第一位的。

马克思在谈到哲学是时代精神的精华时说过："问题就是时代的口号，是它表现自己精神状态的最实际的呼声。"① 他指出问题比答案更有意义。"一个时代所提出的问题，和任何在内容上是正当的因而也是合理的问题，有着共同的命运；主要的困难不是答案，而是问题。……正如一道代数方程式只要是题目出得非常精确周密就能解出来一样，每一个问题只要它是一个实际的问题，也就能得到答案。"②

问题有大有小，大问题就是马克思所说的"时代的口号"，

① 《马克思恩格斯全集》第 40 卷，人民出版社 1982 年版，第 289—290 页。
② 同上，第 289 页。

小问题和大问题是相关联的。

问题从哪里来？有的问题是从书本上来的，如书本上哪些不理解或者觉得说不通，或者书本上的道理与事实不符，或者论证不合逻辑。有的问题是从学科或者学术的自身逻辑发展中提出的。科学按照恩格斯的说法都要从现有的思想资料出发，其本身的演绎中会提出许许多多的问题。还有一些问题是在当今社会科学已经相当发达的背景下，学界或科学共同体已经提出但是没有解决得很好的问题，如陈景润与哥德巴赫猜想。更有一些问题是从社会生活中提出的，如马克思所说的时代的问题，也就是客观的历史进程问题。马克思提出的问题就是如何看待和对待资本主义，包括了在他之前或同时出现的对资本主义的各种辩护、解释或者批判（主要是各种社会主义学说）所存在的问题。

中国化的马克思主义围绕的问题是自鸦片战争之后，中国社会、中国思想界提出的"中国向何处去？"的问题，围绕这一问题展开了古今中西之争。

这些问题是相关的，而且常常是非常尖锐地摆在人们面前的。

对于我们研究者来说，要有问题意识，一方面要善于把握时代的大问题；另一方面就是要看看自己在所专注的领域里，有哪些问题是需要也有能力去做的。这就是研究的一个开端。

党史研究和国史研究中有许多有影响力的研究成果就是这样出来的。王铁仙先生的《瞿秋白传》，就是提出和回答了许多新的问题。大量的新材料，对一位革命家真实的理解，把鲜活的人物和其背后的历史进程展现出来，而不是一味地歌颂或者是贬斥，我读了感触良多。

我自己做过的一些研究，也都是从问题开始的。"马克思恩格斯哲学与西方哲学的关系"问题，这是改革开放初期学界和社会各界最关注的问题之一。"社会主义市场经济的伦理辩护"问题，也是从生活、从当时的社会舆论等中提出来的。

但是光有问题，还只是存疑而已，把握问题的关键所在，尽可能地去回答问题，才真正进入到研究的阶段。

如何进入研究的状态？

要进入研究状态也是不容易的。这就像运动员，要创出好成绩，就要进入状态，有的时候不在状态，就不可能出成绩一样。研究也有一个进入状态的问题。

这个问题在现在比以往更加突出。研究项目一般说来可以分为两种：一种是自选的，也就是自己本来就有兴趣、有准备，是一直想做的，问题也已经比较明晰的；还有一种是"奉命文学"，是为了拿一个课题应付考核而从自己没有准备或者不是很熟悉、很有兴趣的指引中去选择一个。这后一种往往一开始不太容易进入状态。这种情况，不仅中国有，美国也有。美国自冷战之后，就兴起了所谓的"官智一体"的社科模式，一直延续至今，也就是现在常说的"智库"。欧洲也有，欧盟的基金就有许多这样的项目。前一种比较好办，因为对研究的问题有多年的积累，是自己一直想搞清楚的。后一种就不怎么好办，有的时候是边做边怨，但也不是没有办法。

这个办法可以叫作"先敬业后爱岗"，或者说是"先结婚再恋爱"。我自己也有这两种经历。"文化大革命"之后，我受命开设现代西方哲学的课程。西方哲学本来不是我的兴趣所在，我的兴趣点是马哲史，而且主要的学习工具——英语，我只有初中水平（高中之后就学俄语了）。那个时候我已经快 40 岁了，开始时非常痛苦，从学英语开始。起点很低，硬着头皮去啃，慢慢地，兴趣就来了。

我在上海市委宣传部、社科联和一些报社有一些朋友，有的时候他们也会让我做一些研究项目。其中有的项目，刚开始也会觉得不太有兴趣，但又盛情难却，不好不做。我便尽量去发掘其中有趣味、有意思的地方。比如最近在上海市文史研究馆的演讲，就是给他们"逼"出来的。想了两三个月，我总算找到了一个有兴趣的切入点，拟了一个题目"道德建设，长者何为？"。

简言之，进入状态的第一步就是"兴趣"二字。兴趣在研究工作中是非常重要的。胡适曾说，没有兴趣就如同做苦工一般。这是有道理的。如若兴趣一直起不来，那么还是改道为好，否则精神上太痛苦，天天做苦差事，心烦意乱，事情怎么做得出来？这样，更不会做好。

对于兴趣的重要性，恩格斯有两段名言：

随着 1848 年革命而来的是，"有教养的"德国抛弃了理论，转入了实践的领域。以手工劳动为基础的小手工业和工场手工业已经为真正的大工业所代替；德国重新出现在世界市场上；新的小德意志帝国至少排除了由小邦割据、封建残余和官僚制度造成的阻碍这一发展的最显著的弊病。但是，思辨①在多大程度上离开哲学家的书房而在证券交易所筑起自己的殿堂，有教养的德国也就在多大程度上失去了在德国最深沉的政治屈辱时代曾经是德国的光荣的伟大理论兴趣——那种不管所得成果在实践上是否能实现，不管它是否违反警章都照样致力于纯粹科学研究的兴趣。诚然，德国的官方自然科学，特别是在专门研究的领域中仍然保持着时代的高度，但是，正如美国《科学》杂志已经公正地指出的，在研究单个事实之间的重大联系方面的决定性进步，即把这些联系概括为规律，现在更多地是出在英国，而不像从前那样出在德国。而在包括哲学在内的历史科学的领域内，那种旧有的在理论上毫无顾忌的精神已随着古典哲学完全消失了；起而代之的是没有头脑的折衷主义，是对职位和收入的担忧，直到极其卑劣的向上爬的思想。这种科学的官方代表都变成毫无掩饰的资产阶级的和现存国家的玄想家，但这已经是在资产阶级和现存国家同工人阶级公开敌对的时代了。

德国人的理论兴趣，只是在工人阶级中还没有衰退，继续存在着。在这里，它是根除不了的。在这里，对职位、年

① 德文"Spekulation"既有"思辨"的意思，也有"投机"的意思。——编者注

利，对上司的恩典，没有任何考虑。相反，科学越是毫无顾忌和大公无私，它就越符合工人的利益和愿望。在劳动发展史中找到了理解全部社会史的锁钥的新派别，一开始就主要是面向工人阶级的，并且从工人阶级那里得到了同情，这种同情，它在官方科学那里是既没有寻找也没有期望过的。德国的工人运动是德国古典哲学的继承者。①

这段话的关键词就是"理论兴趣"。而所谓的理论兴趣，就是"那种不管所得成果在实践上是否能实现，不管它是否违反警章都照样致力于纯粹科学研究的兴趣"，就是"在理论上毫无顾忌的精神"。与此相反的就是把思辨移到了交易所，也就是对投机取利的兴趣；还有就是"没有头脑的折衷主义，是对职位和收入的担忧，直到极其卑劣的向上爬的思想"。恩格斯所说的"理论兴趣"这几个字，可以说是对于我们这个行当的职业精神的最好的概括。就我们自己的生活经历来说，恩格斯的这两段话，可以成为我们学者的"安身立命之处"。可以说，每当遇到困境的时候，我们就重温恩格斯的这两段话来相互激励。

也许有些人会觉得"兴趣"这个东西，比起常见的豪言壮语好像太低了，其实不然。从一般道理上说，至少有三点：

第一，我们现在常说的价值观或者价值取向，最直接的体现

---

① 《马克思恩格斯选集》第四卷，人民出版社 1995 年版，第 257—258 页。

就在你的兴趣指向何方。美国哲学家、新实在论者佩里在解释兴趣的时候，就把兴趣形容为箭靶或磁石。就是你的注意力指向何处，或者什么东西能够吸引你去追求。这种偏好或厌恶的指向，就是价值取向。如果你天天想的只有钱，只有票子、车子、房子、头衔，等而下之的就是声色犬马，对理论本身、对民生国运了无兴趣，那么你的价值观如何也就一清二楚了。所以，不能小看了兴趣这个东西。

第二，兴趣也就是一种责任心，而且是发自内心的责任心。这里可以借鉴胡适对兴趣的解释："真正责任心只是一种兴趣。……兴趣即是把所要做的事情认作自己的事。"① 历来思想家有偏重责任心的，说你"应该"如此如此；也有偏向兴趣方面的，说我高兴这样做，我爱这样做。孔子说："知之者不如好之者，好之者不如乐之者。""兴趣并不是自私自利，不过是把我自己和所做的事看作一件事；换句话说，兴趣即是把所做的事认做我自己的活动的一部分。"② 这就和责任心不相冲突，而且可以补助责任心。"没有兴趣的责任，如囚犯作苦工，决不能真有责任心。况且责任是死的，兴趣是活的，兴趣的发生，即是新能力发生的表示，即是新活动的起点。"③

第三，对理论、对学术的兴趣其实就是最好的道德修养。胡适说："若是学校的生活能使学生天天发生新兴趣，他自然不想

① 《胡适文集》第 2 卷，北京大学出版社 1998 年版，第 246 页。
② 同上，第 245—246 页。
③ 同上，第 246 页。

做不道德的事了。这才是真正的道德教育。"[①] "真正的道德教育在于使人对于正当的生活发生兴趣，在于养成对于所做的事发生兴趣的习惯。"[②] 百岁老人杨绛，在《文汇报·笔会》的百岁答问中说："'好的教育'首先是启发人的学习兴趣，学习的自觉性，培养人的上进心，引导人们好学和不断完善自己。要让学生在不知不觉中受教育，让他们潜移默化。这方面榜样的作用很重要，言传不如身教。"

那么，兴趣从何而来？如何培育兴趣？第一，对自己所做事情意义的感悟。我做西方哲学研究的兴趣来自与学生的交流和几次学术会议上激烈的争论；我对市场力量的伦理问题的思考来自社会观察，对社会巨变时学界处境的一种彻骨的痛楚，以及自己想把问题搞清楚的一种愿望；近来我对公正问题的关注来自对社会问题的感悟和对前景的忧虑。第二，兴趣培养源自自己觉得确实有许多需要搞清楚的问题，也就是有了一种搞不清楚不安生的心绪。第三，兴趣还在于不断地厘清问题时得到的乐趣，不断地把问题深化，在有所发现中求得乐趣。第四，要从学术共同体的氛围中进一步增强兴趣。建立一个好的学术共同体，有很强的学术氛围、有知音、有共同语言的共同体，非常重要。

兴趣之重要，关键在于你可以把自己的注意力集中起来。这个时候看各种资料、他人的文章或研究成果，甚至是读闲书的时候，会不断地得到启发，会把这些启发纳入自己所思考所研究的

---

① 《胡适文集》第 2 卷，北京大学出版社 1998 年版，第 246 页。
② 同上。

问题上来。兴趣有了思考就会聚焦。

我自己的一个毛病就是，有的时候兴趣转移得太快，或者是兴趣太多，注意力不够集中。这也是我没有大的建树的一个原因，是教训。

进入状态的下一步就是要了解这个学科、这个问题的研究状况，尽可能地获得各种资讯，其中 know who 非常重要。知道代表性的人物、代表性的成果是什么，才会知道进一步具体的工作该从什么地方做起、从何处切入，才不至于重复或者是"撞车"。在此基础上，将问题进一步厘清和细化，也是进入状态的一个非常关键的因素。

然后，就要确定寻求答案的途径或者进路。平常我们给研究生开题，其实就是做一个可行性的评估。除了确定选题的意义之外，就是看：从什么进路来做？做得出来吗？主要依托的资料是什么？这包括文本（历史的或者是学理的）、现实情况的调查。做历史的话，文本和资料的爬梳就显得尤为重要。王家范先生做明清史，尤其是江南的经济史，就爬梳了许多史料，从许多人家没有注意的材料中去发掘新史料，提出新的观点。研究要成为研究的话，一个必要的前提是持之有故。现在有些人喜欢说大话，动不动就是有什么重大发现，就是颠覆了原有的什么观点等，但是经不起人家用事实史料来拷问。持之有故，才能言之成理，这是对研究者提出的一个基本的要求。

最后是表述，也就是写文章或者是写书。结论是研究的结果而不是研究的前提，而表述的方法与研究的方法是有区别的。有些学者的研究框架、课题申报单上，都是一本书的结构，还没有研究，结论都有了，那还要研究吗？我就觉得非常奇怪。结论是在研究过程中得出的，而且还是要不断修改的。所以，我的习惯是，书的导论或者是总论总是最后才写得出来的。研究是基础，然后才是表述。表述需要研究，也需要文采。

如何提升研究的能力？

当代的认识论（尤其是以波兰尼为代表的默会知识论）提出，科学研究实际上可以分为两类：一类是常规性的或日常的研究工作，另一类就是启发性的工作。

日常工作，往往是一种按部就班的工作，比如自然科学里面的实验、测量、计算、图表制作等；人文社会科学里面也有这样一类的工作，比如资料整理、社会调查抽样、统计计算等；最基本的，如工具书的使用、研究文献的整理（比如做综述就是一种最基本的训练）、资料的查找、文献的引用等。这些工作往往有严格的规则，有的还制定工作手册，这是可以通过训练习得的。记得在1960年代蒋南翔主持清华的时候，就提出过"三基四性"，其中就有一个基本训练。我在系里管教学的时候也对本科生提出过一些基本训练的要求，其中包括做记录、写综述、查文献等。这是近代以来科学研究成为一种专门职业之后，在各个学科里都必需的一些最基本的规矩和训练。

这种能力是人人都可以练出来的基本功，某种意义上可以称为技艺。科学研究最起码的技艺就像做编辑要学会校对一样。在这里，严格还是不严格是大不一样的。现在讲规范，有许多指的就是这些问题。

除了学校的训练之外，还有许多学习机会。如若遇到一些可以被称为"老法师"的编辑，就会受益匪浅。比如编词典的时候，编辑提出的许多问题，连生卒年月也有规范，怎样选择工具书、如何规范引用他人文字等也是有讲究的。这些都不是小事。学界有一个说法叫"硬伤"。硬伤如果出现了，还在关键的地方，那么你的成果也就站不住脚了。只讲如何如何创新，不讲这些最基本的规范，那就是把自己的房子建在沙滩上，基础不牢，地动山摇。我们老派的学人在这一点上是非常讲究的。我的老师常常就此对我们耳提面命，严格训练，以养成习惯。

这些规范的把握、日常工作的处理，不仅是方法、技艺的问题，而且与学养非常有关系。蒋南翔说的基本理论和基本知识，是每一个学科都需要的，人文学科尤其如此。基本的文献是一定要比较系统地读的，不仅要读，还要做笔记。研究哲学、哲学史的功底是不可少的，中国的和外国的，马恩著作，这些经典都要读过，否则怎么入门？我们系里这些年出了一些很有成就的学者，据我的观察，都是经过严格的训练，积累了丰厚的学养才冒出来的。也可以用一个词"厚积薄发"。童世骏，被挪威人誉为"小波普"；杨国荣，从王学起步，硕士论文开题的时候已经背了两书包的卡片；郁振华，40岁出头在中西哲学方面已有扎实的基础。他们出国进修的时候，国外的教授对我们能够培养这么好的学生深为赞叹。这些都是成功的经验。

　　处理日常工作的能力对于初入门者是非常重要的。但是这些都习得了，还未必能说会做真正有原创意味的研究工作。原创性的工作，不是没有规则可言，但是这类规则是模糊的，在运用这些规则时，学者个人的判断力、辨别力或者说是鉴别力、想象力就起着关键的作用。其中就包括一个好的问题的发现，提出各种假设和猜想来研究问题，直到问题的解决。同样的一堆资料放在面前，一种现象摆在面前，有的人能够从中发现问题，有的人就什么都看不出。发现了问题，还会一步一步地追问下去，并找到解决问题的办法，这种能力的区别就在判断力。中国古人称这种能力为"识"，见识、见解、眼光的意思。非识，则才与学俱误用矣。

　　判断力和鉴别力从何而来？有的是天生的，但是很多是可以习得的。那从何处习得？从范例中习得，从模仿开始，通过范例学习。慢慢地，看清各种问题情境的家族相似关系，在类比思维和范例推理中发挥想象力和创造力，或者说是榜样直观，达致一种创造性的模仿。

　　第一种最可靠最有效的方式，就是传统的师父带徒弟的方式。"名师出高徒"，这是一条普遍的规律，古今中外都是如此，我们哲学系的经验亦是如此，冯契先生就是名师。名师须是名实相符的、真正的。要尽可能地同一流的学者打交道，向他们请益，若见不到，就读他们的书。

　　第二种方式是学术共同体的熏陶和习染。真正的学术共同体是非常珍贵的。

第三种方式是尽可能地分享思想，共同切磋。比如半成品的研讨、不同学科之间的交流、教授之间相互听课等，还有就是日常的交流。惠普公司曾有句广告词很好：不仅要分享工具，而且要分享思想。我们要知道什么时候独立工作，什么时候密切合作。

还有就是要下功夫积累学养，提高研究能力的过程与学养的积累是分不开的，人文学科尤其如此。我们在研究中会发现许多的不足，然后按照研究目标的需要去进一步积累自己的学养。如做满洲史的研究者需要学习多种语言，包括蒙文、满文和一些欧洲语言。学习是要花力气的，就是积累学养，要用功夫，要舍得花时间去积累。言之成理，持之有故，这是最起码的要求；知之为知之，不知为不知，这是最起码的态度。科学（包括社会科学）是老老实实的学问，讨巧偷懒是会出大洋相的。

最后，送给大家一句熊十力先生的名言，与大家共勉：为人不易，为学实难。让我们大家一起知难而进，为中国的学术文化的发展而努力。

我的困惑

　　为什么要谈谈困惑？因为困惑陪伴了我一生，甚至有点年纪越大困惑越多的感觉。

　　困惑陪伴一生大概是我们这一代许多人的感受，我自己尤甚。现在新生的一代是自信满满的，从小就有梦想，相信可以梦想成真。我们这一代，好像就不是这样。我们从小受到的教育就是要乖，要听话、听安排，后来加上一个"夹着尾巴做人"。夹起尾巴好像并不难，听话、少说甚至不说，难的是思考停不住。中学时代，我有幸遇到的老师非常好，很少居高临下地教训我们，而是让我们自己处理自己的事情，在知识学习方面致力于培养我们的兴趣，启发我们独立去思考，也让我们学会比较各种不同的观点（历史老师尤其如此）。语文老师还会让大家就课文的理解发表不同意见，推荐大家阅读，还要求评议。进了大学，读马克思主义，那时没有教科书，主要是读马恩的原著。马恩强调的就是独立思考，《路德维希·费尔巴哈和德国古典哲学的终结》结尾部分恩格斯所说的"伟大理论兴趣"就是鼓励我们不要有顾虑，要勇于追求真理。没有追求真理的理论兴趣，没有独立的思考，就不能算是马克思、恩格斯的学生。于是，我的思考总是停不下来，不断地想问题。问题想多了，困惑也多，而且常常会发现一段时间里想错了，又成了新困惑。

　　困惑并非无益，一个好处是让人不会轻易盲从。困惑的另一

个好处是激发思考。我后来做的一些研究工作，就是由困惑激发
出来的。

"文化大革命"结束后，我受命开设现代西方哲学的课程。
我的一大困惑就是，进入现代以后的西方哲学还有没有价值，是
否值得研究？《路德维希·费尔巴哈和德国古典哲学的终结》结
尾说1848年之后，德国的思辨已经进入了交易所，哲学剩下的
只有"没有头脑的折衷主义"的残羹剩汁。这个结论能不能成
立？这一问题在中国现代外国哲学学会的讨论会上多次成为争议
的焦点，相当一段时期我就在寻求这个问题的答案。后来，马克
思主义与现代西方哲学的同时代性命题提出，我与童世骏合作的
《马克思恩格斯同时代的西方哲学》，就是想通过对19世纪后半期
西方哲学的梳理，为同时代性这一论点作出论证。1990年代，我
写市场经济的伦理辩护问题，也是想表达自己的困惑和思考。市场
经济条件下，哲学伦理学还需不需要，还有没有生存的余地？这是
非常现实的困惑，不仅仅是我个人的困惑，亦是系里许多同仁的困
惑。恩格斯说思辨不应进入交易所，中国古人说要安贫乐道，自己
照着做了，但是生存的境遇就相当艰难。而对学生就不能都这样要
求，他们还要讨生活，将来要真正做哲学研究的恐怕是很少数。

孔夫子说，四十而不惑。可是我，越老感觉困惑越多。我的
老同学朱贻庭也有同感。他的一首诗可以为证：

毫鬓银丝伴病身，世事迷津疑惑甚。

宁为宇宙闲吟客，拒作乾坤窃禄人。

文旨未敢忘救物，无奈世道不容真。

平生肺腑无处言，东篱南山一逸人。

　　为什么困惑越来越多呢？现在冒出来许多新事物（什么物联网、AI、比特币等），新事物频出应该是常态。包括哲学，我们先前的有些观点不断被修订，迷津难免。回头去想自己原来做过的研究，究竟哪些还有意义，哪些不仅是没有意义，还是根本不对头的。我想认真教书大概是不错的，编的那本《守道1957》也是有把握的。另一个是怎么看待专业研究和教学的关系。郁振华最近讲的专业主义，看来是非常重要的。我反省自己专业的精神不够，这大概与从小养成的习惯有关。小的时候家里书多，逮住了就看。大人批评我"乱嚼西瓜子"，"万宝全书缺只角"，喜欢乱看书，兴奋点易变。教学一开始就教哲学公共课，那时被称为政治教师；后来教现代西方哲学，最后教的一门课就是博士生的公共政治课，退休之后还一直坚守在教学岗位上。这种经历使得我不容易安心下来做专业研究。师兄朱贻庭就比我做得好，1980年代出版了专著。

　　当下一个困惑就是，余年还应做点什么？有的时候想，还是把没有想清楚的学理性问题理理清楚，比如从1980年代末开始做价值问题，价值问题到底是怎么引入哲学、普及于社会的？价值概念到底意味着什么？到了中国现实生活中，价值到底意味着什么？

　　困惑好像也是幸事。因为困惑也是痛点，有痛点就有思考。我思故我在，我痛故我在。

马克思与多重现代性

　　在当代语境下讨论现代性问题，尤其是中国的现代性问题，离不开多重现代性的视角。20 世纪历史进程的特点就是，不仅西欧、北美等地区先发展起来的国家的现代化取得了新的进展，而且发展中国家，包括亚洲的一些国家也陆续进入现代化进程，并取得了巨大的进步。尤其是从 1980 年代开始的中国改革开放，现代化发展取得了举世瞩目的成果。诸多国家进入了现代化进程，而且按照各自的方式取得了进展。"多重现代性"理论正是在这样的背景下被提出的。

　　据童世骏的介绍，艾森斯塔德、查尔斯·泰勒、杜维明等是这一理论的主要倡导者。"多重现代性"首先是一个描述性概念，也就是对于这样一个事实的描述：发生在西方世界的现代性虽然引起了全球性的后果，但这种后果并非西方现代性模式在全球的普遍移植，而是在非西方国家和地区出现了许多各具特色的现代性状态。如艾森斯塔德所说："正在现代化的那些社会都拒绝了这种西方现代化规划的种种同质化的、霸权性的假定。虽然在这些社会中的大量建制中大都形成了一个结构分化的总趋势——在家庭生活中，在经济和政治结构中，在都市化、现代教育、大众传播以及种种个人主义的取向中，但是这些领域的定义和组织方式却各有很大差别，在其发展的不同时期产生了多重的建制类型和意识形态类型。"①

为此，艾森斯塔德提出："对当代社会作出理解，甚至也可以说对现代性之历史作出说明的最佳途径，是把它看作诸多文化规划之不断得到建构和重构的一个故事。"② 这一观念的提出是用来强调"现代性与西方化并不是同一回事"③。也就是说，这一概念的提出，破除了把现代化等同于西方化的观念。

中国人对这一理论有特别深切的感受，因为中国近代以来一直存在着古今中西之争。中国人曾经历非常艰难曲折的探索，苦苦寻求现代化之路。既经历过向外域学习，甚至将外域的经验或模式移植过来而遭致失败的曲折，也曾经在一段时期里，困于对西化的警惕，拒斥现代化的一些普遍的追求，大大延缓了现代化的进程，失去了许多非常好的机遇。

1980年代，现代化（当时的口号叫"四个现代化"）在中国重新成为最得人心的、最具吸引力的口号。这个时候，罗荣渠先生等一批学者做了大量的工作，澄清了现代化与西化之间的区别，这一区分起了很大的思想解放的作用。于是，"面向未来，面向世界，面向现代化"成为一种势不可挡的潮流。改革开放就是在这样一种思想解放的基础上蓬勃开展的。

80年代到90年代初，学界还曾经掀起一股研究、阐发、讨

① S. N. Eisenstadt: "Multiple Modernities", in *Daedalus*, Winter 2000, special issue on Multiple Modernities, pp. 1–2.
② Ibid.
③ Ibid., pp. 2–3.

论马克思提出的跨越"卡夫丁峡谷"设想的潮流，力图从马克思的学说中寻求中国特色的现代化道路的理论依托。这场讨论现在似乎已被遗忘了，或许是因为我们已经找到了自己独特的现代化道路并取得了举世瞩目的成就，而且有了自信。在一些论者看来，或许是因为市场经济体制改革以来中国的经济成就主要来自对西方现代化进程的一些普遍做法的学习和借鉴，今后的问题就是进一步更加全面地沿着市场经济的普遍道路前行。这场讨论凸显了马克思在去世前几年对俄国问题的分析中提出的一些以往未被重视的思想，至今对我们还是有意义的。

讨论集中关注的是马克思在 1883 年前后与一些俄国学者的交往和通信，其中最关键的就是马克思给《祖国纪事》杂志和查苏利奇的信。在这些信中，马克思首先针对米海洛夫斯基对《资本论》的解读，指出："他一定要把我关于西欧资本主义起源的历史概述彻底变成一般发展道路的历史哲学理论，一切民族，不管他们所处的历史环境如何，都注定要走这条道路，——以便最后都达到在保证社会劳动生产力极高度发展的同时又保证人类最全面的发展的这样一种经济形态。但是我要请他原谅。他这样做，会给我过多的荣誉，同时也会给我过多的侮辱。"[1] 马克思反复强调的是，他在《资本论》等著作中就西欧现代化进程中出现的剥夺农民，把他们变成一无所有的雇佣劳动者的历史过程的描述，尽管是在那种特定的条件下具有某种"必然性"的东西，但

---

[1] 《马克思恩格斯全集》第 19 卷，人民出版社 1963 年版，第 130 页。

是它并不是一种到处都可以套用的"一般历史哲学"。

　　接着，马克思针对一些俄国学者以西欧的先例来推论俄国的发展趋势的做法，指出确实有一些"极为相似的事情，但在不同的历史环境中出现就引起了完全不同的结果。如果把这些发展过程中的每一个都分别加以研究，然后再把它们加以比较，我们就会很容易地找到理解这种现象的钥匙；但是，使用一般历史哲学理论这一把万能钥匙，那是永远达不到这种目的的，这种历史哲学理论的最大长处就在于它是超历史的"①。也就是说，不能因为出现了一些"极为相似"的情况，就离开具体的历史条件，泛泛地谈论抽象的、一般普遍适用的"历史的必然性"，强调"不管怎样，西方的先例在这里完全不能说明问题"②。

　　当时查苏利奇出于对马克思的尊重和信任，希望他对俄国独有的农村公社（一种土地公有制的形式）可能的走向作出分析和预测，并对俄国学者中已经出现的两种不同的观点作出评价。（一种观点认为，俄国的公社在资本主义世界市场的冲击下，不得不走向解体；另一种观点则认为，从俄国的公社中有可能生长出社会主义而避免西欧的道路。）马克思对此采取了十分谨慎的态度。他给查苏利奇的复信，就写了几个草稿，最后寄出的却是一封非常简要的信件，仅限于澄清查苏利奇对马克思的误解。马克思之所以如此谨慎的一个原因，就是他不想把自己的学说当作一种放之四海皆准的"一般历史哲学"。在他看来，要对各个不

---

① 《马克思恩格斯全集》第19卷，人民出版社1963年版，第131页。
② 同上，第443页。

同国家的特殊的发展道路做出分析和预测，则需要从占有材料出发，做具体的研究和分析。他在一份草稿中着力说明自己是如何从学习俄语开始，尽可能地收集各种资料，细致地进行研究。确实，在这些草稿中，马克思提出了一些看法，包括在八九十年代中国的那场讨论中被一些学者概括为"卡夫丁峡谷"的论述，其要旨是："和它同时并存的资本主义生产在给它提供集体劳动的一切条件。它有可能不通过资本主义制度的卡夫丁峡谷，而享用资本主义制度的一切肯定成果。"① 也就是说，他认为俄国有可能在保存农村公社的情况下，不走西欧那样的使农民破产的道路，同时吸收西方现代化的各种成果，走自己的现代化道路。但是，马克思在正式发出的信件中却把这一论述删除了。这也许是因为马克思后来觉得这样的推论把握不大，而且会过多地介入到俄国两派的争论中去。

这里，我们可以看出，在现代化的道路问题上，马克思确实非常注重各个不同的国家由于不同的历史背景所具有的特殊性。在这一意义上，我们可以说，马克思的哲学和他的研究方法确实包含了多重现代化的意蕴。他在研究俄国问题时所写下的那些手稿给我们留下了许多方法论的启示。其中，最主要的有以下几点：第一，必须具体地、历史地研究各国的历史，以便搞清其基本的国情。一方面，不要把现代化的进程看作是与以往的历史完全没有关系的某种断裂，某些古代的东西可以在现代化的进程

---

① 《马克思恩格斯全集》第19卷，人民出版社1963年版，第438页。

中生发出新的东西来。马克思曾经引用摩尔根的话，说"现代社会所趋向的'新制度'将是'古代类型社会在一种更完善的形式下（in a superior form）的复活（a revival）'。因此，不应该特别害怕'古代'一词"①。另一方面，也要看到现代化的进程是如何破坏历史遗留下来的古代的社会结构的。第二，在"历史向世界历史转变"的新的历史时代，民族之间普遍交往，涉及商业、航海、陆路交通和世界市场等，人类不再分割在狭隘的民族地域中发展了，而成了世界性的关系。每个国家与世界的关系已经不再是一个马铃薯和一袋马铃薯的关系，任何国家都是世界有机整体的一部分。这时，普遍和特殊的关系就日益转化为有机整体和有机组成部分之间的关系了。发展中国家在获得机器、轮船、铁路等生产资料的时候，已经不需要像西方那样，先经历一段很长的机器生产的孕育期了。但是，世界市场会对原有的社会结构形成强大的冲击，使之解体，而西方国家的危机也会波及落后的国家。所以，每一个国家的现代化问题都必须放在世界市场已经形成的大格局下看待。第三，对于各个国家出现的与西欧类似的情况，不能简单地推论必定会产生与西欧相同的结果，不能把在西欧具有普遍性的趋势当作可以到处套用的"一般历史哲学"意义上的"必然性"。

　　1990 年代中期之后，中国学界对"卡夫丁峡谷"的兴趣日渐淡薄，人们关注的焦点集中在如何融入全球化的进程，如何融入

① 《马克思恩格斯全集》第 19 卷，人民出版社 1963 年版，第 432 页。

世界市场，如何学习西方国家的市场经济。于是，在物质生产领域，普遍主义的"一般历史哲学"思维方式盛行；加上经济领域的现代化成为全社会关注的焦点，经济增长一度几乎成为唯一的目标。在学术界，经济学帝国主义盛行，普遍主义也就成为一种趋势。几十年来，我们的理论教育又一直在引导人们去追寻放之四海皆准的普遍的必然性。尽管主流话语强调中国特色，但是实际上，至少在经济领域，多重现代性的问题一度被搁置起来了。

然而，随着国力的增强和文化自信的坚定，尤其在对文化的理解跳出了原本固守的经济基础决定论的视角之后，一股"国学热"在中国兴起。古今中西之争似乎又回到了原点。这时，艾森斯塔德等人的多重现代性的学说重新引起关注。在他们的学说中，文化似乎是多重现代性的一个关键要素。前文所引艾森斯塔德的论说中，有这样一段文字："对当代社会作出理解，甚至也可以说对现代性之历史作出说明的最佳途径，是把它看作诸多文化规划之不断得到建构和重构的一个故事。"细读这段文字就不难发现，作者把现代化进程中的社会建构和重构视为一种由文化所规划的建构和重构，把现代性视为一种文化方案。

查尔斯·泰勒的看法也有类似的倾向。他把有关现代性之产生的理解分为两种，一种是文化的，一种是非文化的。非文化的现代性观点，从某种文化中立的角度出发，描绘出现于西方的那些被称作现代性的变化，并把这些变化看作是任何文化都可能经历或被迫经历的过程。这种观点的典型特征是把现代化当作合理化。根据这种观点，任何文化都可能受到日益增长的科学意识的冲击，任何宗教都可能经历世俗化，任何终极价值目标系统都可能受工具性思考的挑战，任何形而上学都可能因为事实与价值的分裂而出现紊乱，如此等等。文化的现代性观点，则把现代西方出现的变迁理解为一种新文化的出现，把即使本身具有跨文化普遍性的自然科学在西方的发展过程，也看作是与某种文化——人类学家们所感兴趣的那些有关人、自然、社会和善的理解——共生共长的。哪怕是在西方社会，现代性也是某种特定文化的产物，而在各个非西方社会，不同的文化作为变化的起点都会对变化的结果产生不可忽视的影响，那么就很自然会出现种种不同于西方现代性的现代性。泰勒把这些现代性称为"另类现代性"（alternative modernities）①，并在此基础上采用"多重现代性"（multiple modernities）的提法。可见，泰勒强调的不是现代性之多重性的工具价值，而是现代性之多重性的内在价值。对多重现代性的这种理解，强调了内在价值的多元性或多重性，自有其道理，确实可以说明许多具有不同文明传统的国家在现代化进程中所发生的不同的故事。"多重现代性"作为一种描述性的概念具有一定的合理性。

但是，如童世骏的论文《探寻"多重现代性"概念的规范性内容》所指出的，艾森斯塔德和泰勒的"多重现代性"思想中还有一种规范性的内涵，是不应忽视的。②因为如果仅仅说内在价值

---

① Charles Taylor: "Two Theories of Modernity", *Public Culture*, 1999, Vol. 11, Issue 1, p. 162.

② 童世骏：《探寻"多重现代性"概念的规范性内容》，《思想与文化》（第三辑），华东师范大学出版社 2003 年版。

是多元的，就有可能导致相对主义、虚无主义。文化的多重性中是不是应该有规范，各种不同的文化传统在现代化的过程中是不是必须汲取，这些都是要辨析和讨论的。强调文化传统的继承和保护，并不认为那些要求寡妇殉葬的文化、杀害女婴的文化和蓄养奴隶的文化也要受到同等的保护。

具体地说，有一些规范还是必须有的，规范可以用以度量各种既有的文化，在现代化的过程中仍然是合乎道德的。比如泰勒所强调的"承认的政治"，即破除社会等级制度，用可以平等分享的"尊严"概念代替中世纪的不可能平等的"荣誉"概念；又如杜维明等所说的，不仅要成为一种"教导的文明"，还应成为一种"宽容的文明""学习的文明"（a learning civilization）。[1]（是不是愿意建设这样的"学习的文明"，说到底"是一个道德问题"。）

艾森斯塔德还提出了反思性和自我纠错能力。他认为，现代化在社会的、政治的权威结构的基本的本体论前提周围形成了一种深度的反思性，这种反思性是即使连现代性的最激烈的反对者——他们在原则上否定它的有效性——也都分享的。[2] 在艾森斯塔德看来，现代性所特有的这种反思性的特征超越了所谓"轴心

---

[1] Tu Weiming: "Implications of the Rise of 'Confucian' East Asia", in *Daedalus*, Winter 2000, special issue on Multiple Modernities, p. 207. 其实，这个要求不仅仅适用于西方、北美，也适用于包括中国在内的所有国家。

[2] S. N. Eisenstadt: "Multiple Modernities", in *Daedalus*, Winter 2020, special issue on Multiple Modernities, p. 3.

文明"中沉淀的那种反思性。反思性与自我纠错能力是息息相关的。"现代性的最重要特征之一，直截了当地，同时又是意味深长地说，就是它的自我纠正的潜力，它直面一些在它的原初规划中连想也没有想到的问题的能力。"① 可以说，是否具有一定程度的这种能力，是衡量一个社会是否进入现代化的标准；而能否恰当地运用这种能力，是衡量一个现代化模式好坏的标准。

这些具体的论述自然还有待辨析，但是肯定和把握"多重现代性"的观念所蕴含的规范性的内涵，对当今中国无疑是非常重要的，否则就难以避免以维系独特的传统文化为名拒斥现代文明的倾向。唯有这样，我们才能从这些年来一直纠缠不清的普世价值与民族文化传统的关系的困境中解脱出来，为中国的现代化寻求既具有自己的文化特色又与世界现代化潮流一致的坦途。

---

① S. N. Eisenstadt: "Multiple Modernities", in *Daedalus*, Winter 2020, special issue on Multiple Modernities, p. 25.

沟通哲学史与思想史的成功尝试

——再读挪威哲学家 G.希尔贝克等的《西方哲学史》

　　读了《社会科学报》所刊赵复三先生为《欧洲思想史》一书所写的"中译者前言"，颇有启示，他发出的踏进西方思想史的门槛的呼吁引起了我的共鸣。确实，如赵复三先生所说，在面向世界开放的当今中国，我们不仅要了解西方的经济、技术、学术和文化，更要搞清楚"西方从古代到现在的发展，这条路究竟怎么走过来的"。为此，我们不仅要读西方的学术名著，还必须把握其思想史脉络，比较全面地了解西方思想的演进过程，力戒"只见树木，不见森林"。赵复三先生提出的这个问题，切中中国学界和大学教育（尤其是人文社会科学的教育）的时弊。如今有的大学正在进行使课程更加碎片化的改革，统观全局、通晓历史的课程在一些信奉后现代的人的心目中似乎已经是不合时宜的、需要革除的"宏大叙事"。有些学者也以为只有微观的、实用的东西才是学问。赵复三提出的这个问题对干部的学习和教育也有启示。新一代的干部对了解世界兴趣大增，希望具备"世界眼光"，对世界、对西方的了解程度也大有进步，有的还知悉西方的经济学说和政治学说，但只见片段、只见碎片而不知其来龙去脉的状况还相当普遍。搞清楚"西方从古代到现在的发展，这条路究竟怎么走过来的"这样一个重要的问题，还没有引起足够的重视。

　　赵复三先生的文章还提出，思想史比哲学史更加重要，更加容易引起大众的兴趣。我们不能否认，西方的文化在一定意义上是一种哲学文化，哲学长期在文化思想中处于核心的地位。黑格尔提出的、马克思所肯定的"哲学是时代精神的精华"的论断，概括了西方思想史的这一特征。即使是主张"后哲学文化"的后现代思想家们，也承认以前的文化是"哲学文化"。问题是，哲学史的叙述如何摆脱单纯从哲学家到哲学家、从一种哲学学说到另一种哲学学说的方法，探求哲学同整个时代的精神和思想，同社会之间的交互作用，进而在哲学史与思想史之间架起一座桥梁？这件事情如果做好了，哲学本身也就不会显得那么抽象和费解，哲学对于社会与时代的意义也就会显露出来。对于专业学习哲学的读者来说，可以从抽象的哲学语言中领悟不同时代的精神面貌；对于从事其他学科研究的学人来说，可以通过哲学这个核心把握思想演进的主线，对西方思想史有一个比较贯通的理解。

揭示哲学与时代精神的关联

　　2004 年，上海译文出版社出版的挪威哲学家希尔贝克教授与伊耶教授所著的《西方哲学史》对揭示哲学与时代精神的关联作了有益的探索。本书与一般哲学史不同，着力将哲学史与思想史联系在一起。我觉得可以称它为"一部以哲学史为主线的思想史"或是"一部着力揭示哲学与广泛的思想史互动关系的哲学史"。

　　本书的一个显著特点是对各个不同时期的哲学思想的阐述，

着眼于帮助读者把握这一时代精神风貌的基本特征，并从哲学与时代精神之间的关系角度理解这一时代的哲学。比如，对古希腊哲学思想的阐述中，作者突出了古希腊城邦生活的特点，以及由此而产生的作为"共同体中的人"这样一个主题。到了希腊化时期，由于城邦逐渐演变为帝国，权力集中到一个庞大的中央机构——国家之中，政治就变成了统治一个帝国的法律原则，而个人在这样一个庞大的帝国面前越来越无能为力。于是，原来的"共同体中的人"就分解为特殊的个人与普遍的法律，伦理学与政治学开始分离。伦理学关注的是个人的幸福与德性，从而成为私人意义上的伦理学。私人的伦理学也就是仅仅关注个人生命意义的人生哲学，一旦离开了社会现实，就难以给出令人满意的答案。于是，对宗教的追求日益高涨，基督教生长的土壤得以形成。古代世界渐行渐远，信仰基督教的中世纪来临了。

对于中世纪，本书集中概述了基督教给哲学和人类思想带来的三个新观念：人类中心论的人类观、线性的历史观、把上帝当作一个位格和造物主的上帝观。颇具特色的是，本书将中世纪欧洲社会的特点概括为"世俗权威（国家）"和"教会权威（教会）"并存与互相交织。这两个权威之间关系的变化以及两者之间的冲突，可视为理解中世纪历史的一把钥匙，也是理解中世纪哲学的一把钥匙。"共同体中的人"这个古代希腊的命题，在希腊化时期向两个不同的向度分化，一端是作为普遍原则的国家和法律，另一端是特殊的个人。到了中世纪，又进一步演变，在国家和法律这一端，依据两种权威并存在学理上的表现，又分化为教会的权威所体现的自然法和世俗权威所体现的罗马法；而个人这一端则按照基督教的理念分化为"灵"与"肉"的善恶二分。这样的概括，对于理解中世纪后期唯名论与唯实论在"共相"与"殊相"这一哲学问题上展开的争论及其对整个社会思想的转变所起的作用，无疑具有很强的解释力。对于两种权威的概括也解释了在基督教一统天下的背景下，欧洲何以存在自由观念生长的空间。

科学思想与哲学思想

哲学与时代精神面貌之间的关联是非常复杂的，其中有许多中介，其中之一就是哲学与其他学科之间的关联，这一点在学科逐渐分化的近代尤其重要。希尔贝克等的《西方哲学史》对此予以高度的重视。在叙述近代文艺复兴和启蒙运动的时候，本书专设一章讨论文艺复兴前后自然科学的兴起，详细地对科学方法，如天文学、物理学、生物学等各个领域的进展作出分析。更令人叹服的是，这种分析不是简单地介绍科学成果，而是着眼于揭示这些成果中所体现出来的精神面貌的变化。比方说，指出"兴趣的世俗化"。也就是说，人们对具体事物的兴趣大为增长，在希腊人注重"理论的自在价值"的基础上增添了"实践的兴趣"，即控制自然、开发自然的兴趣。于是，技术合理性的问题凸显，利用自然和控制自然的能力就成为一个核心问题。在这样的观念的基础上，"进步"的信念（既相信历史是向前的，又相信历史是受人引导的）就取代了古代静态的理想国。同时，范式转换在一些学科中出现，使得"事物成了对象，而人类成了主体"①。于是，理想中的人不再是一个社会的存在、一个政治的动物，不再是一个与家庭和谐相处并置身于一个共同体中的人。在希尔贝克的笔下，这是历史的一个转折点。从此开始，一种深入社会、渗透到各个学科的新的时代精神迅速形成。

本书的叙述使得读者对近代主体性哲学的蓬勃兴起及其与时代精神的变迁之间的关系有了更为具体的认识，也使人清晰地看到哲学史与思想史、社会变迁之间的互动关系。哲学作为"时代精神的精华"何以用抽象的概念凝练社会观念的变化，又如何引领社会观念的演进，就清晰地显现出来了。

政治思想与政治哲学

政治思想是思想史的一个重要组成部分。1970年代之后，政治哲学在西方受到广泛的重视。成书于1970年代，以后每隔几年修订一次的《西方哲学史》花了很多的笔墨叙述政治哲学在西方，尤其是近代以来的演进。

本书的叙述方法颇具哲学史与思想史结合的特色。哲学史的叙述紧紧地扣住了"作为主体的个人"这个主题，将近代西方政治哲学的核心概念梳理出来，就是"个人、社会契约、国家"这三个概念。从霍布斯开始，许多哲学家把作为主体的个人当作解释社会与政治的基础。在方法论上的基本特征是，采用原子主义

---

① ［挪威］G. 希尔贝克、N. 伊耶:《西方哲学史——从古希腊到二十世纪》，童世骏、郁振华、刘进译，上海译文出版社2004年版，第205页。

的方法，将各种社会现象分解为各种各样的人类原子——个人，这些原子之间的相互作用形成了无序的或有序的社会，真正意义上的和谐有序的社会是由个人之间订立社会契约。"社会契约"的概念就由此而生。社会契约论作为一种思想实验，其宗旨就是论证国家的本质和一个政府合法性的依据。契约论的结论是：国家作为社会契约的产物，是为了个人而存在的，本身没有内在价值，这就是国家的本质所在。

围绕着"个人、社会契约、国家"这三个核心的概念，作者梳理出了近代政治哲学的演进线索：随着资本主义的逐渐成形，市民阶层对权利的关注增强，对人性的看法不断地变化，从个体的自我保护到个人不可侵犯的权利，一直到快乐和利益（以功利主义为代表），社会契约论这样一种用于证明国家的本质及其合法性依据的学说也呈现出不同的色彩。对国家体制与具体任务的看法也在不断演变，但其核心思想是一以贯之的，其要旨是把个人开明的自利看作基础性的驱动力，把国家任务看作确保独立的行动者（个人）。为此，国家必须确保和平与秩序，确保个人拥有财产的权利，进而把自由看作基本的价值。

在展示这条线索的时候，作者不像一般哲学史教科书那样，将眼光仅仅放在哲学家的学说上，而是将不同学科的思想、学说纳入视野。比如经济思想，是作者考察的一个方面，但作者没有单纯地把亚当·斯密看作一位经济学家，而是着力揭示他的经济理论在政治哲学中的地位。一方面，作者把斯密的自由放任主义的经济理论看作是对以个人为本位的国家学说的进一步发挥，指出他所提出的不仅是关于市场经济的学说，而且借助于强调市场必须受法律和正义的管制，提出了一个法治国家的框架和一个人际互动的领域。另一方面，作者突出地阐明了斯密使用的与自由主义政治哲学相对应的基本概念，创立了"若干个人之间的理性行动模式——一种适用于经济人（Homo economicus）的博弈论"[1]，并指出其在西方社会科学发展史上的意义。同时，作者又叙述了这些核心的概念是如何提出了一种社会理想，引领了时代的步伐，并揭示了哲学、政治思想与社会之间的互动关系。

这种连接在对近代政治哲学中另一条进路的叙述中，尤其明显。这条进路最基本的特征是将"共同体中的人"，也就是将"历史的-文化的：具有共同价值"[2]的人作为基本概念，而不是将个人，也就是非历史的个人作为基本概念。在作者看来，这种观念的开端不在哲学家而主要在政治学家那里，关键人物就是以政治保守主义著称的伯克。接下来，作者重点地说明黑格尔哲学如何通过"主奴关系"的理论，否定了"个人是自我满足的"这样一个个人主义的命题，把个人视为共同体的有机部分，并对共同体作了分析。从家庭这个局部的共同体，到市民社会，到国家，作者强调了人类的自我实现是在作为伦理共同体的国家之中的。国家不是契约做成的，而是在历史中成长起来的。在作者看来，黑格尔的哲学乃是经由一个正题（个人高于社会、理性高于传

① ［挪威］G. 希尔贝克、N. 伊耶：《西方哲学史——从古希腊到二十世纪》，童世骏、郁振华、刘进译，上海译文出版社 2004 年版，第 327 页。
② 同上，第 336 页。

统，也就是自由主义的观点）与一个反题（传统高于理性，共同体中的人，也就是保守主义的观点），达到的一个合题（传统是合理的，个人是社会的）。尽管黑格尔没有赞同一个独立的、脱离了活生生的人类而出现的国家，却把国家这个伦理共同体作为人类得以自我实现的所在。

人文社会科学与哲学思想

本书对于 18 世纪之后，以作为"共同体中的人"为核心概念的政治哲学的另一条进路的叙述，不单单关注哲学家的思想，更加关注在社会和人文学科中的体现。作者用了两章的篇幅来概述"人文学科的崛起"和"社会科学的兴起"。前一章主要叙述了历史主义在 1870 年代之后的兴起，如何赋予人们一种历史意识，一种历史的变化感，从而对普遍有效的人类理性和万世不变的普世标准提出了怀疑，这就为"历史的-文化的：具有共同价值"的人的概念的传播作了铺垫。后一章中，作者对从孔德到韦伯的社会学理论做了详细的叙述。叙述的着眼点集中在解释一条与方法论的个人主义不同的政治哲学的进路，其要旨不再把个体作为社会哲学的出发点，而强调社会不能分解为个体，只能分解为群体和共同体。其中的关键人物，一个是社会学的创始人孔德，另一个是德国的社会学家滕尼斯。孔德认为，启蒙运动的观念是消极的和带有破坏性的，对传统的批判导致的道德危机是正在兴起的个人主义，以及与之相伴的对家庭、宗教、教会和各种传统共同体的否定性看法。滕尼斯则区分了以契约关系为基础的

"社会"和以传统礼俗关系为基础的"共同体",认为契约关系是以高度的个人主义和非私人的礼节关系为特点的;"共同体"则是以传统和情感关系为基础的,其中道德的方面常常处于重要的地位。不仅如此,滕尼斯还认为,近代以来,欧洲社会已经从礼俗关系转向了以契约为基础的社会关系了。由于这种关系是以理性和经济技术为核心的,因此竞争和利己主义变得越来越强势。但这个阶段的巅峰时期已经过去,人们已经开始试图将共同体关系和安全机制引入到契约关系的社会中。

这种哲学概括,如作者所说,是一种理论的重构,为的是提供一个清晰的核心概念的演进脉络。它确实具有某种抽象的特征,有可能将复杂的、丰富多彩的思想史简单化。但是,注重哲学史与思想史之间关联的希尔贝克,在本书中采取了许多办法加以弥补。办法之一,就是广泛地展示在19世纪后对西方世界发生过重大影响的各种政治和社会思潮。本书对马克思恩格斯的学说、列宁主义、无政府主义和工团主义、社会民主主义、民族主义和法西斯主义等都有专门的章节加以论说,给出了一个比较全面的思想图景。办法之二,力图说明各种思潮之间的互动,对从各种思潮的基本概念中汲取营养的思想家、哲学家作出评述,如穆勒和格林的社会自由主义。办法之三,通过对一些思想家、哲学家的评述,对他们的基本理论与他们对当时许多实际的政治和社会问题的态度之间的关系作出具体的分析。办法之四,对一种思想在思想家、哲学家的本土与其他国家所发生的影响作出区分(如洛克的思想在英国和启蒙时代的法国),力图揭示思想家、哲学家提出的理论，尤其是核心概念在不同国家、不同历史条件下所发生的不同影响，以凸显思想史的复杂性。办法之五，对历史与思想大转折时期，尤其是新旧思想冲突时期各种思想潮流所采取的诸多各不相同的意识形态策略及其后果作出描述和分析。这使得本书对西方思想史的叙述非常丰满，不仅主线清晰，而且丰富多彩。

重视说理和论证

当然，这种以哲学史为主线的思想史是无法取代如赵复三先生所译介的《欧洲思想史》一类著作的，但是对于人们踏进西方思想史的门槛自有其益处。最重要的是，可以通过阅读一本教科书对西方思想的来龙去脉有一个比较清晰的了解，厘清核心概念和基本理论。笔者曾经同三届研究生一起研读、讨论这本著作，不同专业背景的同学都兴趣盎然，受益匪浅。哲学专业背景的同学感受最深的是，阅读本书大大地开阔了视野，能从更广泛的时代和思想演进的角度去理解和把握哲学的概念和理论。其他人文社会科学背景的同学则认为，以往也读过一些西方学术名著，或者也对某种学说给予较多关注，但是往往容易"只见树木，不见森林"，有时候难免先入为主，先读什么就偏好什么。了解了思想史的脉络，可以思考所读的著作在思想史上的地位，以及该思想学说与以往的思想学说之间的关系，与同时代的、后发的其他思想学说之间的关系，进而对各种学说进行辨析，同时也引发了对哲学的兴趣。这固然与哲学本身的魅力有关，但是作者在叙述哲学史和思想史的时候，采取注重论证训练的态度，也是一个重要的原因。本书很少采用独白的方式叙述历史，也很少用"这就是正确的"那样居高临下的态度，而是将对人物和学说的不同理解和解释、评价加以介绍并作出辨析，并在此基础上提出自己的见解。这种论证和说理的态度对于我们的哲学教育和其他人文社会科学的教育也是富有教益的。本书对一些思想家、哲学家的评价，对历史上一些学说的解读和评析、所梳理的脉络，必定有可以商榷之处，学界未必都会认同，但是其说理的态度、注重运用论证和训练论证的态度是非常值得我们认真学习的。